JN000896

# これからの
# インフラ開発

徳永達己・武田晋一［編］

弘文堂

# はじめに

　現代を一言で表現するなら、最も相応しい言葉は Globalization（グローバル化）であろう。急速な国際化の進展にともない、私たちは新しい文化や情報のみならず、地球規模の気象変動や感染症など様々な影響も迅速かつ直接的に受けるようになった。

　地球規模でグローバル化が進展する今日の状態を可能にしているのは、生産活動の発展と行動範囲の拡大を可能とする通信や交通技術などインフラストラクチャー（インフラ）の飛躍的な発展に他ならない。これら先端技術に牽引され、世界のグローバル化は今後より進化していくものと思われる。

　技術の普及が可及的に高速化する一方、自然界に与える深刻な負荷や、人口減少が著しい農村部など取り残された地域の劣化等、経済発展にともなう "ひずみ" ともいえる社会課題も多様・複雑化していく傾向にある。さらに新型コロナウイルス感染症（COVID-19）の影響に加え、地球温暖化対策（脱炭素化）や、国際社会が果たすべき持続可能な開発目標である Sustainable Development Goals（SDGs）の達成に向けて、私たちの価値観や生活様式も大きく様変わりした。

　このような今日のグローバル化時代を社会背景に、多様化する社会的課題や新しい需要に対応する手段として、とりわけ注目されるのはインフラである。大型自然災害の防災、サプライチェーン構築に向けた国際物流網の整備、変電所や病院など重要インフラに対するサイバー攻撃の防御など、インフラを取り巻く動向にかつてないほど社会の関心が高まっている。

　これまでインフラは、生活や産業を支える社会基盤として、都市・地域の骨格形成や都市間を結ぶ交通網として機能を果たしてきた。さらに社会需要の変遷にともない、提供するサービスの用途・形態・規模・範囲に関して柔軟に適合するのがこれからのインフラに求められる役割でもある。

　また災害や感染症から命を守る強靱で衛生的な都市空間、脱炭素化のためのクリーンエネルギー、リモートワークが可能な職住施設、MaaS（Mobility as a Service）に代表される新しい公共交通移動サービスなどインフラに求められる機能もよりデジタル化・高度化している。従来のインフラは社会の需要や要求に応じて後追いで整備されることがほとんどであったが、これからのインフラは、私たちの社会やコミュニティをより快適・健康的なものへと誘導していく先導的な機能を兼ね備えたものとなろう。このように、社会が大きく変革する現代は、社会とインフラの関係性や意義について改めて問い直されている時代であるともいえよう。

本書『これからのインフラ開発』は、グローバル化時代においてさらに重要性が高まるインフラに着眼し、これからの時代に向けて必要性、意義、役割などの新しい価値や、求められる機能について体系的に整理・概説したものである。特にこれからのインフラを正しく理解するうえで不可欠な3つの視点として、①国際社会で提唱されているSDGsに代表される持続可能性、②衰退する国内地域の活性化を目指す地方創生、そして③AIやデジタルトランスフォーメーション（Digital Transformation：DX）を活用したスマート社会の構築を図るSociety5.0を設定した。この3つの視点を交えてインフラを多角的に俯瞰し、かつ詳細な分析を加味することにより、新しい時代に求められるインフラの機能と取り組むべき社会課題についての理解がより深まることを期待する。

　本書は、インフラ開発に関する研究と実務運用の両面に精通し、かつ海外と国内における事情に詳しい、前線で活躍している第一人者が執筆している。多忙な中、貴重な研究成果や体験を読者に共有していただいた著者の方々にまず感謝したい。

　今回の出版にあたり、長野県下伊那郡下條村、同塩尻市、同飯田市、および山梨県南巨摩郡富士川町、独立行政法人国際協力機構（JICA）、ベトナム国日越大学の関係者の皆様には多大なご協力をいただいた。またインフラの迫力ある写真はアマチュア写真家の寺井康雅氏、可愛らしいピクトグラムのデザインは拓殖大学工学部デザイン学科の武田美沙子さんにご協力いただいた。深く感謝申し上げる次第である。

　実は刊行を目前とした昨年春以降、コロナ禍の影響により社会情勢は大きく変動し、本書の内容も全面的な書き換えが必要になるほどの事態となった。なんとか出版には至ったが、この不安定な期間は、新しい時代に期待されるインフラのあり方について絶えず自問自答を繰り返す日々でもあった。この間、本書の企画・編集者である外山千尋さんからは変わることない温かい励ましと、読者目線の貴重な助言をいただいた。本書が時代の要請に応じたインフラ開発の指南書の体を成しているとすれば、それはひとえに外山さんのお陰である。厚く感謝申し上げる。


　2021年6月


　　　　　　　　　　　　　　　　　　　　　　著者を代表して　徳永　達己

# 本書の特徴と構成

## 著者と担当分野

　著者は、研究・実務の両面に精通し、海外と国内におけるインフラ分野の実態に詳しい第一人者の専門家が執筆した。各著者の専門分野と担当章は次のとおりである。

徳永達己（土木計画学、都市計画）第 1、2、4、10、11 章

武田晋一（交通工学、開発データ分析）第 3、5、7、10、11 章

川崎智也（物流・社会システム工学、サプライチェーンマネジメント）第 5 章

福林義典（地盤工学、農村インフラ整備）第 6、8 章

杉野晋介（安全保障学、給水事業計画）第 1、9 章

## 本書の特徴

1. インフラを網羅的に概説するとともに理論および事例研究がバランスよく理解できる。
2. 執筆者の豊富な事例研究に基づく実証的データを使用している。特に各章に関係する内容から構成される「事例研究」は、これら実証的研究に基づく研究成果を取りまとめており、章の理解を深めることを意図している。
3. 章末に「未来への処方箋」と題して、膨大な投資が期待される市場の開発途上国および厳しい財政事情のもと維持管理などが課題となっている国内地方を対象として、各章で取り扱ったインフラの留意事項・整備課題策を示した。
4. 本書は下記に示す読者を対象としたインフラ開発の基礎的な教科書として、先端的知識を得るための専門書として取りまとめた。

## 本書の読者

1. これからのインフラについて学ぼうとする、土木系や都市建築・まちづくり系の工学部、データサイエンス系学部、農学部、国際系学部、地域系学部、観光系学部、経済・商学部の大学生、研究者。
2. 行政職、民間建設系会社、コンサルタント、シンクタンク等の実務者。

　交通、電気、水道、携帯電話、衛星通信とインフラがカバーする領域は広大である。もちろんインフラに関心がある上述した専門分野以外の読者も歓迎する。是非とも幅広い層に読んでいただきたい。

## 本書の構成

1. 「いま求められるインフラ開発とは」と題する総論は、第 1 ～ 3 章で構成される。その内容は、①インフラを理解するための 3 つの視点などインフラの重要性が高まっている今日の社会背景と対応すべき課題、②インフラの定義・組織・法制度など、全般にわたる基礎知識、③インフラ計画の基礎知識とデータ分析、について概説する。
2. 「持続可能なインフラ開発の試み」と題する各論は、第 4 ～ 9 章で構成される。その内容は、④都市計画・まちづくり、⑤交通・ロジスティクス、⑥防災、⑦産業、⑧農業、⑨給水、について概説する。
3. 「新しい時代に向けたインフラ開発」と題するまとめは、第 10 ～ 11 章で構成される。その内容は、⑩人づくり（教育）、⑪新しい時代に向けたインフラ整備について概説する。
4. 本書の利便性を高めるため、巻末に索引を設けた。

# 第一部 いま求められるインフラ開発とは

東海道新幹線　富士川橋梁

# 第1章 持続可能なインフラ開発に向けて

横浜駅と山下ふ頭間を走る連節バス BAYSIDE BLUE

【本章の目標】

持続可能な観点から新しいインフラの役割と機能について理解する

【ターゲット】

☐ グローバル化、SDGs、ESG の目的と意味を理解する

☐ 地方創生の意義と課題を理解する

☐ Society5.0 の概念を理解する

☐ 新しいインフラ開発の必要性を考える

【SDGs】

すべての人に
健康と福祉を

安全な水とトイ
レを世界中に

エネルギーをみんなに
そしてクリーンに

産業と技術革新の
基盤を作ろう

住み続けられる
まちづくりを

気候変動に
具体的な対策を

## 1-1　はじめに

　今日、私達の社会は、国内的には少子高齢化・人口減少の影響を受ける一方、国際的には持続的な観点（SDGs）から新しい時代（Society5.0）に向けたインフラ開発が求められている。

　本書では、このような社会的背景から、新しい時代のインフラ開発を考えるうえで重要な視点として、①グローバル化（持続的な観点：SDGs）、②地方創生、③新しい技術の概念である Society5.0 の 3 つに注目する。これにより、3 つの視点を組み合わせた新しいインフラ開発の必要性について考える。

## 1-2　グローバル化、SDGs、ESG【視点 1】

　まずは、新しいインフラを考えるうえで重要な視点の 1 つとして**グローバル化**を取り上げる。グローバル化時代を考えるうえで必須条件である SDGs、および ESG について理解する。

　最初に SDGs に至るまでの国際的な経済・社会の動向および開発政策の歴史を振り返ってみる。続いて、**開発途上国**（以下、**途上国**）に対する支援が、私達の暮らしも含めて、どのように持続可能な概念へと発展していったのか、その流れとこれから取り組むべき課題について理解する。

### 1 国際的な開発政策の歴史

　途上国に向けた**国際協力**は、いつの時代から始まったのか。その萌芽は、第二次世界大戦前のアジアやアフリカにおける植民地の占領政策・経営に遡ることができる。しかし、当時はあくまでも列強による政治・経済活動が支配的な時代であった。

　そして第二次世界大戦後、植民地が次々と独立を果たして以降、途上国に向けた国際協力の手法は今日のような体系に形作られていくことになる。

国際的な開発政策の先駆けは、第二次世界大戦後、米国が戦争で大きな被害を受けた欧州を支援した**欧州復興計画（マーシャル・プラン）**である。米国は1947年から1951年までに総額102億6000万ドルを供与している。

　また、米国は1949年から途上国への支援を本格的に開始する。翌1950年には英国による途上国援助のための国際機関として**コロンボ・プラン**が発足するなど、途上国支援の枠組みが国際的に拡大していった。

　アフリカの植民地が次々と独立を果たした1950年代になると、世界は冷戦が激化し、東西両陣営による援助競争が繰り広げられていく。この時期は、**国際開発協会（IDA）や国連開発計画（UNDP）、米州開発銀行（IDB）**など、いわゆる**世界銀行（WB）**グループである国際開発援助機関が発足し、日本でも独立行政法人**国際協力機構（JICA）**の前身である海外技術協力協会（OTCA）が発足している。

　1960年代になると、国連が途上国の問題解決に本格的に取り組み始めた。1960年代を**国連開発の10年**と定め、国際的な開発政策として重要な目標となった。これが国際的に認知された途上国を対象とする最初の国際開発政策である。

　1970年には**第2次国連開発の10年**、そして1980年には**第3次国連開発の10年**がそれぞれ国連で採択され、途上国の経済開発を牽引していく。1990年代になると、冷戦が終焉し、途上国開発の課題も単に経済開発だけではなく、貧困、教育、医療、ジェンダー、環境など、多岐にわたる分野が課題として提示された。同時に途上国の抱える**累積債務**も問題視されるようになった。

　このような経緯を経て、1990年代に見出されてきた様々な課題を包括的に解決するため、21世紀になると国連で**ミレニアム開発目標（Millenium Development Goals：MDGs）**が採択された。

　MDGsでは、2015年までに主に途上国で達成すべき目標が定められており、各国政府、国連機関、ドナーがこの目標達成のための政策やプログラムに応じて予算付けを行い、目標達成に向けて尽力した。その結果、貧困の割合や初等教育就学率等、いくつかの目標は成果を達成することはできたが、5歳児未満や妊産婦の死亡率、女性の地位向上などの項目については依然として目標は達成できなかった。

## 2 | グローバル化による企業活動の変化

　SDGs を語る上で同類のものとしてよく引き合いに出されるのが、**ESG 投資**である。ESG 投資とは、環境（Environment）、社会（Social）、企業統治（Governance）に配慮している企業に投資を優先的に行うことである。ESG に優れた企業こそ、長期的な付加価値を生み続けられるとの期待が背景にある。国際金融市場で資金調達を行う企業にとっては、SDGs とも連動し重要な視点となっている。

　この源流は古く、1920 年代にキリスト教系の団体が始めた **SRI**（Socially Responsible Investment：社会的責任投資）に遡ることができる。これは、宗教上許容できない事業（特に武器、煙草、アルコールに関する事業）には投資できないと定めた投資家に向けた経済規範である。このため、欧米の企業は自社活動が社会に負の影響を与えていないと示す必要があり、ここから **CSR**（Corporate Social Responsibility：企業の社会的責任）という概念が生まれた。

　わが国の CSR 活動の源流は、経済同友会が 1956 年に CSR 決議を行ったことに始まるが、社会的には 1970 年代に企業の利益主義に対する世論の反発による高まりを受け、どちらかというと慈善活動的な手段として CSR は認知・普及してきた歴史がある。

　しかし 1990 年代になると、欧米では消費者との対話を重視したマーケティング手法が主流となる。さらに、2006 年にハーバード大学のマイケル・E・ポーター教授らが発表した論文により、より戦略的な CSR 活動へと発展していった。また同年、国連のコフィー・アナン事務総長は ESG を投資プロセスに組み込む **PRI**（Principles for Responsible Investment：責任投資原則）とすることを提唱したことから、ESG 投資はより重視されるようになる。

　2011 年には、**CSV**（Creating Shared Value：共有価値の創造）という概念がポーター教授らが発表した論文で確立し、多くの企業は CSV の概念を企業経営の柱として取り込むようになる。この動きは特に多国籍企業に顕著に見られ、グローバリゼーションによる国際間取引や国際金融市場からの資金調達が増加する今日の企業活動において、もはや無視することはできない概念として定着している。

　わが国のグローバルに活動する企業においても同様であり、多くのグロー

図表 1-1 SDGs の 17 の開発目標

バル企業が自社の企業経営に CSV の概念を取り入れている。特に日本最大の
ファンドともいわれる**年金積立金管理運用独立行政法人**（Government Pension
Investment Fund：**GPIF**）が 2015 年に PRI に署名して以降は、わが国でも ESG
投資が重視されるようになっており、CSV の概念を企業経営に取り込む動き
がさらに加速し、現在に至っている。

## 3 SDGs の意義と位置付け

　2015 年 9 月、MDGs の後継として国連で採択されたのが、2030 年を目標
年度とする**持続可能な開発目標**（Sustainable Development Goals：**SDGs**）である。
SDGs は持続可能な世界を実現するための 17 の目標（ゴール）と 169 のターゲッ
トから構成されており、「地球上の誰一人として取り残さない」ことを宣誓し
ている。
　SDGs がこれまでの国際的な開発政策と大きく異なる点が 2 つある。
　まず、政策の対象を途上国だけに限定せず、先進国も含まれることである。
これは持続可能な社会の実現には、先進国も共通の目標に掲げて一緒に取り
組まなければならないとの考えによる。
　そして 2 つ目は、これらを政府の目標として限定せず、民間・企業も目標

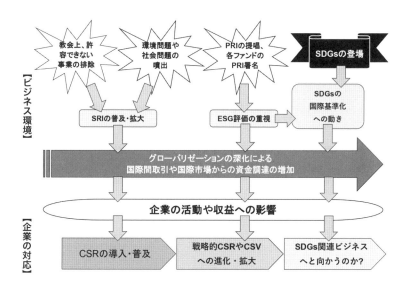

図1-2　SDG に向けたビジネス環境の変化にともなう企業の対応 [1]

達成に向けた貢献が必要であるとした点である。この背景には、SDGs が掲げ
たすべての目標を達成するには、政府予算だけでは到底達成することができ
ず、民間の協力が必要不可欠であるとの考えがある。

　他方、国際的な動きとしては、**ISO**（International Organization for Standardization：
国際標準化機構）が SDGs を国際標準化しようとしており、グローバル化によ
る国際間取引や国際金融市場での資金調達が増加している今日、民間企業は
SDGs を軽視することは事業の持続性を危うくしかねない。また、SDGs に積
極的に取り組むことにより、経営の効率化もむしろ高まるなど企業にとって
も新たな成長の機会になることが期待される。

　このような状況の下、2016 年 5 月、日本政府は首相官邸に**持続可能な開発
目標（SDGs）推進本部**を設置した。日本経済団体連合会も 2017 年 11 月に**企
業行動憲章**を改訂し、SDGs の達成に向けて行動することを宣言するなど、会
員企業に対して自発的な貢献を求めており、今日では官民一体による取り組
みに進化している。

　SDGs 関連ビジネスは総額 3,500 兆円以上に上るといわれている [1]。SDGs への
取り組みが企業の単なるコスト（リスク）となるのか、あるいはビジネスチャン

---

*  1　2017 年の世界経済フォーラム（ダボス会議）では、「SDGs の達成で年間 12 兆ドル（約 1,300 兆円）の経済価
値を生み、3 億 8 千万人の雇用を創出する」という数字が示されている。

ス（機会）となるのか。中小企業も含め、このような企業の取り組みが社会の持続的な発展へと確実につながるよう、その真価はこれから問われることになる。

また政府が SDGs を軸に地方創生の取り組みを強化していることもあり、47 都道府県のうち約 6 割が総合計画などに SDGs を取り入れているという調査結果もある。SDGs への取り組みは自治体でも着実に定着しつつある。

## 1-3　地方創生【視点 2】

次に、持続可能なインフラを考えるうえで重要なもう 1 つの視点として、国内で喫緊の課題となっている地方創生を取り上げる。地方創生とは何か、地方が衰退し始めた社会的な背景と課題・要因はどのようなものがあるのか、その対応策として打ち出されている様々な地方創生の事業概要について整理・分類する。これにより、グローバル視点に加えて日本国内における固有の事情についても理解する。

さらに地方創生事業の基本的な構成、枠組み、進捗状況を整理したうえで、地域やコミュニティに密着したインフラの機能や、果たすべき役割と有効性について考える。

## 1　地方創生の背景

現在は、地方部における人口減少が大きな課題として認識されている。2014 年 5 月に発表した元総務相の増田寛也氏の報告によると「2040 年に、523 に及ぶ市町村が消滅する」ともいわれている。

近い将来に多くの自治体が機能不全に陥ってしまうとする予測も受け、政府は**地方創生**を掲げて新組織の発足、ビジョン策定に着手している。地方創生相の閣僚ポストも新設するなど、安倍首相（当時）も「あらゆる地方政策に関する権限を集中し、大胆な政策を立案実行する司令塔」と位置づけた。

政府は**まち・ひと・しごと創生法**を 2014 年 12 月 2 日に施行し、地方創生を掲げて新組織**まち・ひと・しごと創生本部**を内閣官房内、その行政事務を

担当する**地方創生推進事務局**を内閣府内に設置した。これを受けて地方公共団体では、魅力ある地域社会の整備（まち）、人材確保（ひと）、多様な就労機会（しごと）の創出に向けて各種取り組みを推進している。

　増田氏の問題提起から 2 年後となる 2016 年 5 月 20 日、政府は 2060 年に 1 億人程度の人口を確保するという**まち・ひと・しごと創生長期ビジョン**および第 1 期となる 2015 ～ 2019 年度（5 か年）の政策目標・施策を定めた**総合戦略**を提示した。これを受けて地方は、各地域の人口動向や将来人口推計の分析と中長期の将来展望を示す**地方人口ビジョン**、および 5 か年間の**地方版総合戦略**を策定し、もって地域の活性化とその好循環維持の実現化を目指している。2020 年からは新たに第 2 期が始まっている。

## 2　地方創生の概要と基本的枠組み

　日本の総人口は、2008 年の約 1 億 2,808 万人をピークに長期の人口減少過程に入っている。2021 年 5 月現在の人口推計値は、総人口 1 億 2,536 万人であり、10 年間で約 250 万人減となっている[2]。

　人口構成では、年少人口（～ 14 歳）や生産年齢（15 ～ 64 歳）が減少の一途を辿る一方で、老年人口（65 歳～）は増加すると予測されており、高齢化率の上昇も見込まれている。また、大学等への進学や大学卒業後の就職などを契機として、若い世代の地方から東京圏への人口移動傾向も続いており、人口の地域的な偏在も深刻化している。

　このように地方創生は、世界に先駆けて日本が直面する**人口減少・少子高齢化**という構造的課題について、その危機感が国・地域全体で広く共有されたことを端緒としている。

　地方創生では、総合戦略において「地方における様々な政策による効果を集約し、人口減少の歯止めや、『東京一極集中』の是正を着実に進めていく」ことを目的とする 4 つの基本目標を設定している。その内容は、①地方にしごとをつくり、安心して働けるようにする、②地方への新しいひとの流れをつくる、③若い世代の結婚・出産・子育ての希望をかなえる、および④時代に合った地域をつくり、安心なくらしを守るとともに、地域と地域を連携する、

---

\* 2　統計局 HP（令和 3 年（2021 年）5 月概算値）（2021 年 5 月 20 日公表）

である。

　各目標には、組織・事業の目標達成の度合いを評価する数値目標となる**KPI（重要業績評価指標：Key Performance Indicators）**が設定されている。KPI は、4 つの基本目標に関するもの 15 指標、各施策に関わるもの 105 指標の全 120 指標が設定されている。

　総合戦略は、地方が地方版総合戦略を策定・実施していく際に必要と考えられる関係府省庁と連携して**政策パッケージメニュー**を掲げている。これは、緊急を要するものから、構造的な改革を視野に入れた中長期的な施策の取り組みに至る両方が含まれた具体的な施策群である。

　地方は地域の実情を反映して地方版総合戦略を策定し、これら政策メニューを効果的に活用することにより、政策実施環境を整えつつ事業化を推進していく流れとなっている。この政策メニューより具体的な事業の 5 年分の計画を整理した個別施策工程表が**アクションプラン**である。同プランは現在の課題、必要な対応、取り組み内容が盛り込まれた短期・中長期の工程表、最終年度を成果目標とした KPI から構成されている。

　また**地方創生版・三本の矢**と称する①情報、②人材、③財政の 3 つの側面からなる様々なプロジェクトを地域の取り組み支援策として講じている。三

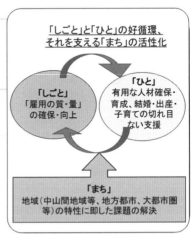

図表 1-3　地方創生の基本的考え方 [3]

---

＊3　「地方創生」ってどんな取組み？：北陸財務局 HP

本の矢の主な内容は、①地域経済に関わるビッグデータ情報を可視化した地域経済分析システム **RESAS**（リーサス）、②**地方創生リーダー**の育成・普及や**地方創生コンシェルジュ**の設置による人材支援、③**地方創生推進交付金**など交付金の設置などである。

　このように地方創生は、地方に人の流れを呼び込むために、国・政府の先導により法律・組織を整備し、中長期的な目的のもとに国からの情報・資金的な支援も受けて地方が計画的に実施する事業である。事業の期間も長期間にわたり規模も大きく、ビジョンで示された基本目標に準ずる事業の成果（アウトカム）を重視し、絶えず総合戦略の評価・改定を行いながら取り組みを継続しているところが特徴である。

## 3　地方創生の進捗状況

　地方創生事業が開始されて第 1 期終了年である 2019 年までの 5 年に及ぶ期間は、国内では依然として人口減少、少子高齢化の傾向が継続した。

　一方、就業者数はむしろ増加しており（6,371 万人（2014 年）から 6,664 万人（2018 年）へと 293 万人の増加）、完全失業率の改善や、有効求人倍率の上昇、インバウンド需要の増大、農林水産物・食品の輸出額も 6 年連続で過去最高を更新するなど地方経済にも好材料を与える現象も起こりつつある。ICT、AI などの情報技術やビッグデータなどの活用も広がり、リニア新幹線の建設、関西万博の開催なども明るいニュースとなっている。

　地方創生を実現化するための手段として導入されたのが、2014 年度より始まった**地方創生加速化交付金**（地方創生推進交付金）である。これは、観光振興や産業育成、それに、移住の促進など、様々な事業に使える財源として国から地方に配られるものであり、事業の効果を検証するため、自治体に経済効果や人口増加といった数値目標（KPI）を設定させている。

　政府は今後も毎年 1,000 億円規模で交付を継続する方針であるが、地方における整備課題は、雇用や少子高齢化を始めとして多岐に渡っており、社会、文化、福祉など対象領域も広大かつ、問題構造も重層的である。

　国の音頭取りで始まった地方創生であるが、勇ましい掛け声とは裏腹に、

地方は改善に向けてうまく時流に乗りきれていない自治体もあり、コロナ禍の影響も加わって解決すべき課題も多い。

## 4 地方創生の課題と対策

　目覚ましい成果をあげている地方創生の事例は、現時点では決して多くない。地方創生が直面している主な課題としては次の3つが考えられる。

　まず最も深刻な課題は、地方から都会へ、特に東京への一極集中化現象に歯止めがかからないことである。江戸時代末期の日本の人口は、約3,000万人、江戸の町（現在の東京）の人口は約100万人といわれている。150年の時を経て全人口は4倍近く増えたが、東京の人口は実に12倍にも膨張している。このように東京への過度の人口集中が問題の根源といえよう。この異様に膨らんだ東京の人口を地方へ適切に振り分けること、首都機能を分散し地方に拠点都市を作り、交通ネットワークを再構築することが国土開発に向けて大局的には重要となる。

　もう1つの課題は、地方創生のビジネスモデルがないことである。これにより、地方では何から着手すべきかわからず、混乱が生じている。そこで、

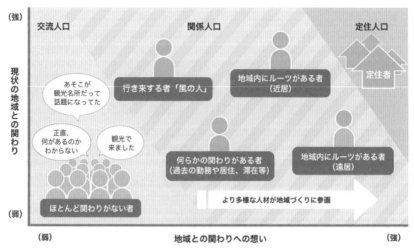

図表1-4　関係人口の概念図 [4]

---

＊4　「関係人口」ポータルサイト（総務省）

地方創生の現場において実践、再現できるカタチ（モデル）を構築し、評価指標と併せて関係者へ具体的事例を示すことが重要となる。

　最後に、地方創生事業に関与する若者が少ないことである。若者は①地域の担い手として、そして②まちづくりを展開するための原動力として、両方の役割を地域から期待されている。一方で、最近注目されるのが**関係人口**である。

　関係人口とは、移住した**定住人口**でもなく、観光に来た**交流人口**でもない、地域や地域の人々と多様に関わる人々のことを指す。実際に地域によっては若者を中心に、変化を生み出す人材が地域に入り始めており、関係人口と呼ばれる地域外の人材が地域づくりの担い手となることが期待されている。そのためには、地方創生に若者が参画できるような仕組み（制度）と仕掛け（事業・イベント）を構築していくことが重要になる。

　地方創生は多くの課題を抱えているが、停滞・衰退しつつある地方にとり、この地方創生事業は財政的、能力的な面から判断するとおそらく地方が自らの復興に向けた最終的な手段となる。この機会を逃せば、自治体にとって地方消滅は決して他人事ではなく、現実的な事態として直面していかざるを得ない。

　また地方創生は、対象地区の対応のみでは解決が困難で複雑な課題が多い。そこで、事業のモデルづくりに際しては、広く国民の理解を得て、学生を含めた若者など幅広い世代が関心を持ち、事業参加を促す継続的な仕組み・制度づくりが求められよう。

　本書では、地方創生の課題解決に向けて、どのようなインフラ活用策が有効となるのか、各章においてその処方箋（対応手段と留意事項）を明示していく。

## 1-4　Society5.0【視点3】

　最後に、Society5.0 の定義・概念を理解し、新しい時代に期待されるインフラの機能とそのあり方について考える。Society5.0 とは何か、持続可能性を重視したグローバルな視点および地域の活力を活かす国内の地方創生の視

点をどう組み合わせて次世代のインフラを整備・維持していくべきか、その対応手段として有望視されているのが Society5.0 である。

　本書では最先端技術を駆使して生活環境の構築を図る Society5.0 の具体的事例を通じて、私たちの社会がどのように変化するのかを明示したうえで、これからのインフラが果たすべき役割と新たな可能性について考えていきたい。

## 1 Society5.0 とは

　現在、世界を取り巻く環境は大きな変革期を迎えている。経済発展の進展にともない、富の集中や地域間の不平等といった経済発展に相反（トレードオフ）して解決すべき社会的課題は一層複雑化している。

　例えば、温室効果ガス（GHG）排出の削減、食料の増産やロスの削減、高齢化などに伴う社会コストの抑制、持続可能な産業化の推進、富の再配分や地域間の格差是正といった対策立案が急務になっているが、現在の社会システムではこれらすべての社会的課題を解決することは困難である。

　これまでの情報社会は知識や情報の共有化に課題があり、分野横断的な連携が不十分であるという問題があった。そこで、新しい時代に向けて人間中心の超スマート社会を構築するため、理想的な技術システムとして認識されているのが、IoT、人工知能（AI）、ロボットやビッグデータなどの技術を活用する **Society5.0** である。

　Society5.0 とは、サイバー空間（仮想空間）とフィジカル空間（現実空間）を高度に融合させたシステムにより、経済発展と社会的課題の解決を両立し、人間中心の社会（Society）構築を目指すものである（**図表 1-5**）。

　これは狩猟社会（Society 1.0）、農耕社会（Society 2.0）、工業社会（Society 3.0）、情報社会（Society 4.0）に続く、新たな社会を示したものであり、内閣府の第5期科学技術基本計画において日本が目指すべき未来社会の姿として、2016年に提唱された概念である。

　例えば、**人工知能（AI）** の活用により、必要な情報が必要な時に提供されるようになる。これにより、ロボットや自動走行車などの技術により、少子高齢

図表 1-5　Society5.0 の概念図 [5]

化、地方の過疎化、貧富の格差などの課題も克服されることが期待されている。

　また、膨大な**ビッグデータ**を人間の能力を超えた AI が解析し、その結果がロボットなどを通して人間にフィードバックされることにより、今まではできなかった新たな価値が産業や社会にもたらされることになるであろう。

　このように、**社会の変革（イノベーション）** を通じて、閉塞感を打破し、希望の持てる社会、世代を超えて互いに尊重し合あえる社会、一人ひとりが快適に活躍できる社会の確立を志向している。

## 2 新しい時代に期待されるインフラの機能

　これまでのインフラは、量の不足を充足する目的から始まり、質の充実や効率化の追求などに力を注いできた。生活を豊かにするというインフラが果たすべき役割は、もちろん今後も基本的には変わりはない。しかし Society5.0 は、単調あるいは煩わしい作業、重労働な仕事を機械や AI に処理させ、あらためて最大の受益者を人間中心に置くことにより、インフラが必要とする機能にも大きな影響を与えるであろう。

---

＊5　内閣府 HP

図表 1-6　Society5.0 により経済発展と社会的課題の両方を解決するイメージ図 [6]

知識集約型社会ともいわれる Society5.0 は、都市機能を高め、**脱炭素化社会**を図るスマートシティの実現化などにも期待されている。持続可能な社会の形成を目指す観点から SDGs との親和性も高く、これからのインフラ整備を図るうえでも、欠かすことができない概念である。

Society5.0 の実現化を目指し、新しい時代に期待されるインフラとしての機能には次の内容がある。

①エネルギーや交通、人流・物流、廃棄物などに関するさまざまなデータを共有して都市のスマート化を進める。

②自動走行などの自律化したシステムやシェアリング経済の普及によって、環境負荷を急速に軽減させ、人々の多様な生活スタイルを支える。

③大都市の競争力強化を継続するとともに、都市周辺部や農村部においても持続可能な分散型コミュニティを創生し、それぞれの地方の特色を活かし、人と自然が共生する、自立した豊かな地方の姿を実現する。

④世界のあらゆる場所で高度な医療と教育にアクセスでき、エネルギーのオフグリッド化などの自律型・分散型の社会基盤技術によって、財政面での負担を軽減しながら安定した持続可能な社会基盤を整備する。

---

＊6　内閣府 HP

⑤公共交通網に乏しい地域においても、車の運転が困難になった高齢者など
　が自動走行車を利用でき、買い物や通院など日々の生活における移動の問
　題を解消する。インフラへの依存度を低減させても、高い水準で快適な生
　活を実現する。
⑥スマートシティや分散型コミュニティなどあらゆる地域において持続可能
　な生活を実現するために、既存のエネルギー網に依存しないオフグリッド
　化など、それを支えるエネルギーも変わり、データの活用によって効率良
　く提供できるエネルギー網を構築する。
などである。

## 1-5 新しい時代に向けたインフラ開発の必要性と本書の構成

### 1 新しい時代に向けたインフラ開発の必要性

　従来のインフラは単に物や施設が不足しているという初期段階においては、
量の確保がまず求められた。さらに経済開発や社会の発展に伴い、インフラ
も量のみならず高い品質や充実したサービスの質が期待されるようになる。
このようにインフラは時代の流れに応じて期待される役割や機能が変化する
特質を本来有している。
　情報化社会の現在は、時代の変化がさらに急速化しており、これからの時
代に向けたインフラは、期待される役割はもちろんのこと、これまで対象と
してきた範囲・領域とも飛躍的に拡大、多様化している。また社会活動や生
活に及ぼす影響力の大きさに応じて、私たちにとってインフラの存在はより
身近で不可分なものとなり、重要性もより高まっている。
　これまでのインフラは工学の一専門分野であったかもしれないが、社会を
正しく理解し課題に対処していくため、市民にとってはもはや基礎的な教養
分野となっている。
　デジタル化の影響と多様な価値観が尊重される新しい時代に向けて、イン

フラ開発も新しいステージに突入したといえる。本書を作成した社会的な意義はそこにあり、これからの時代に適応した内容となるよう意識している。

## 2 本書の構成

本書は、まずインフラの定義と整備目的など基本的な役割、および個別施設の機能について理解を深めるとともに、新しい時代にふさわしいインフラのあり方について自らが考察できるように、総論、各論、まとめの三部構成により編纂されている。

まず総論は、「第一部　いま求められているインフラ開発」と題し、①インフラを理解するための視点・課題、②基礎知識となる関連する組織・法体制・財源、③計画策定方法とデータの取り扱い概要について説明する。

次に各論は、「第二部　持続可能なインフラ開発の試み」と題し、個別インフラ分野として④都市計画・まちづくり、⑤交通・ロジスティクス、⑥防災、⑦産業・エネルギー、⑧農業・コミュニティ、⑨給水の特徴について詳述し、整備や維持管理の方法について理解を深める。

最後にまとめとして、「第三部　新しい時代に向けたインフラ開発」と題し、本書で紹介した個別インフラの機能をより効果的に発揮するため、⑩人づくり、⑪新しい時代のインフラ整備に関する論点整理を行い、社会課題の解決に向けてインフラによる未来の処方箋を示す。

世界を俯瞰するグローバル視点およびコミュニティに根差した地方創生の視点を兼ね備え、Society 5.0の技術を駆使して柔軟に社会課題の解決に挑む、本書はそのような今日の社会で最も求められている人材を育成するための図書として編纂されたものである。

横浜港大さん橋国際客船ターミナル

# 住民参加型インフラ整備・市民普請

**市民普請は様々な地域で実践・試行されている**

　道、橋、用水路や堤防。かつて日本の公共施設の多くは普請と呼ばれる地域の住民による労役提供によって造られ、管理が行われていた。明治時代には近代化に伴い、納税はそれまでの物納や普請から金納へと改められ、公共施設の整備も税金を原資とした公共事業へと移行する。これにより事業は大型化・高品質化したが、公共施設は市民にとって身近な存在とはいえなくなった。

　そんな中、かつての普請を彷彿させるような公共施設の維持管理に関する市民活動が全国各地で報告・報道されている。市民が主導的な役割を果たしながら、地域を豊かにするため実践する公共のための取り組み、それが市民普請である。具体的には、地方で受け継がれ、実践してきた市民主導、持続可能性を有するインフラ管理の仕組みである。その特徴は、①市民主導、②地方における実践、③未来志向の3つである。

　市民普請を先導する土木学会は、学会創立100周年の記念事業として、2014年に市民普請大賞を創設し、優れた取り組みを顕彰した。グランプリを受賞したのは静岡県三島市と特定非営利活動法人グラウンドワーク三島で、市民・NPO・行政・企業による地域協働システムの構築が高い評価を受けた。これを契機に土木学会では市民普請グループを設置している。

　コロナ禍の影響もあり、都市から地方への移住の流れが徐々に動き出している。それに伴い、持続可能な地域づくりを実現する手法としての市民普請への期待も大きくなっている。2021年もオンラインにより市民普請に関するシンポジウムが開催された。山梨県早川町の中間支援組織、長野県下條村の建設資材支給事業、タイ国東北部の住民参加型道路整備事業（LBT）の事例発表など国内外の先進的な具体事例が紹介され、持続可能な地域づくりに果たす市民普請の役割や、今後の発展の可能性について探る内容となった。　　　　（徳永）

## 第2章

# インフラの基礎知識

地方創生に向けて国内で新しいインフラ整備への取り組みが進められている
（長野県下條村で行われている住民参加によるインフラ整備の建設資材支給事業）

**本章の目標**

## 基礎的なインフラの知識を理解する

**ターゲット**

- □ インフラの定義、必要性、効果を理解する
- □ インフラを建設、維持管理する組織と法体制を理解する
- □ インフラを整備する多様な財源を理解する

**SDGs**

住み続けられる
まちづくりを

産業と技術革新の
基盤を作ろう

## 2-1　インフラとは何か

　**インフラ**とは何であろうか。水道、家庭用電気、スマートフォンなど身近なものから、高速道路網や大型都市施設に至るまで、インフラの対象は多岐にわたっており、私達が快適な生活を過ごすうえで欠かせないものである。その重要性に比例して、私達の経済や社会活動に与える影響も大きい。

　本章では、まず、インフラの内容、範囲、目的、効果など基礎的事項について考えてみる。

## 1 インフラの定義

　インフラという用語には次のような意味がある。
① 団体・組織の**下部組織もしくは下部構造、基盤**
② 国家・社会の経済的存続に必要な**基本的施設**（道路・交通・学校・通信など）

　インフラとは、社会・経済・生活の基本的な活動を支える制度や施設などのシステム、基盤のことである。一般には**社会資本**、**社会経済基盤**と呼ばれている[*1]。

　インフラは、その役割から、**経済あるいは産業インフラ**と**社会インフラ**とに大別できる。

　**経済インフラ**は、道路、鉄道、港湾、空港などの運輸交通、電力などエネルギー、情報通信、灌漑である。**社会インフラ**は、住宅、病院などの保健、衛生、上下水道、学校などの教育が含まれる。さらに、物理的な施設だけでなく、工業所有権制度、規格基準などサービスや政策・制度なども含まれることがある。

　社会的には非常に重要な施設であるにもかかわらず、収益性が低いため、民間が行う投資事業ではなく、主に公共事業など公的手段により整備される場合が多く、情報化社会の情報網整備や法制度、システム整備なども含め、幅広く私達の生活を支えるものである。

　私達の身の周りを見渡しても、学校などの施設はもちろん、例えば図書館に整備されている図書検索システムや貸し出し制度なども重要な教育インフ

---

* 1　Infra-structure の "Infra" は、ラテン語で below（下に、下部に）、"structure" は、構造物を意味する組み合わせが語源となっている。

ラといえる。このようにインフラは、私達の生活と極めて密接な関係にある。

## 2 インフラの必要性

　経済・社会の発展、途上国における貧困削減のためには持続的な経済成長が不可欠であり、その成長を支えるため、インフラが重要な役割を果たしている。

### （1）インフラは人間開発に資する

　世界の国々を対象として、一国の1人当たりインフラストックと人間開発レベル（程度）を示す**人間開発指標（HDI）**を分析した調査結果によると、インフラと社会開発レベルには強い相関（相互の関連性）があることが示されている。

　**インフラストック**とは、各国の電力、道路、鉄道、上下水道、固定電話、携帯電話など5つの主要インフラのストック（在庫／整備量）に、平均整備単価を掛け、これを人口で除して算出した数値である。また**HDI**[*2]とは、各国の平均寿命、識字率、就学率の3つの社会指標を合成したものである。

　つまり、平均寿命、識字率、就学率といった国の社会指標は、その国の保有しているインフラストックと比例して向上する。国民の質的な充実度を測る社会指標を向上させるためには、その基盤となるインフラストックを整備する必要がある。

### （2）インフラは経済開発を支える

　同様に、1人当たりの**国内総生産（GDP）**とインフラストックの間にも強い相関が認められる。このように、インフラは国や地域の経済的成長を支え、富の再配分を通じて、個人の生活の質を高め、その持続的な向上を確保している。

　また、インフラは民間の投資を誘引する環境としての役割も果たしている。民間投資はインフラの整った地域を対象に行われる。例えば、低所得国であっても、物的インフラに加え、広義のインフラである良い統治や制度整備などを併せて行うことにより、投資環境が整備され、投資促進、雇用創出、生産性向上、さらには経済成長へつながる。

　実際に、近年経済発展が著しい東アジアの多くの国では、**インフラ投資**の

---

＊2　HDI（Human Development Indicator）は、国際連合開発計画：United Nations Development Programme（UNDP）による人間開発指標である。ここで用いる数値は HDI から所得成分をのぞき、平均寿命と識字率と就学率という3つの社会指標を合成したものであり、最大値が 0.67 になる。0.67 を最も高い値として、高いほど良い数値となる。

度合いに応じて経済成長を達成し、貧困を削減することに成功している<sup>*3</sup>。

## 3 インフラによる人間開発への効果

　それではインフラによって、どのように人間開発への効果が表れるのか詳しく分析してみる。

　**インフラ施設**は、渋滞緩和、水供給の拡大など直接的な整備効果を発揮するために整備される。これにより、例えば教育機会へのアクセス向上、衛生状況の改善といった副次的なインフラサービスも提供されることにつながる。

　そして、これらの効果が積み重なることにより、乗数的にさらに高い次元の効果が発現されるという図式が示される。実際に、世界銀行の研究によると、インフラの整備により**幼児死亡率**が大きく低下することが確認されている。

　**図表2-1**のように、インフラは人間開発に貢献し、個々の潜在能力を向上させるために不可欠なものであり、そのための前提条件となるものである。

　私達は基礎的なインフラの存在について、通常は意識して生活していない。しかし途上国は基礎的なインフラが極めて不足しており、人的資源や豊かな

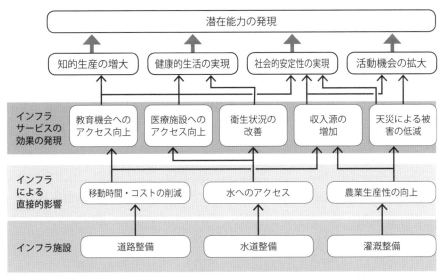

**図表2-1　インフラによる人間の潜在能力発現の概念図**<sup>*4</sup>

* 3　これは両者の因果関係までは示していない。
* 4　「ひとびとの希望を叶えるインフラへ」JICA、2004年

自然環境などのポテンシャルを活かせず、先進国との格差がむしろ拡大しているのが現状である。

　貧困削減や人間開発を進めるために、近年国際援助機関や JICA などでは、インフラサービスの効果に着目し、これらの効果を発現する手段としてインフラ開発を計画するようなアプローチを取るようになっている。これは**アウトカム（成果）仕様**と呼ばれる方法である。

　**アジア開発銀行（ADB）**による「農村道路の貧困削減への影響：ケーススタディ」（2002）では、道路の整備に伴ってまず運輸業者や商人が活動を拡大し、続いてそれまで農業を営んでいた人が運輸業や商業活動に参入するなどインフラによって社会が変化する様々な事例が紹介されている。

## 4 途上国の事例に見るインフラ開発の効果

　それでは途上国の事例を通じて、具体的なインフラ開発（生活道路整備）の効果について確認してみよう。これまでは、マクロな視点からインフラがどのように人間開発に効果を及ぼすのかを確認した。ここでは、具体的なインフラ施設を整備することにより、インフラサービスの効果が発現される流れについて追ってみる。

　適切なインフラ開発を計画的に実施していくためには、インフラ開発によってどのような効果が発現されるか、その効果について正しく理解する必要がある。つまり、計画立案者にはインフラの効果をいかに具体的、客観的に理解・イメージできるかが求められており、それが住民のニーズに配慮したきめ細かな施設建設につながる。ここでは、著者が関与したアフリカの生活道路における整備効果に関する調査研究の成果を用いて、インフラ効果の事例について説明する[5]。

　この調査は、JICA や NGO の支援を受けて作られた生活道路を対象として、その整備効果について住民にヒアリングしたものである。場所はケニア、タンザニアの 2 か国、対象道路は農民の生活に直結した道路であり、大規模な工事ではなく、地域住民が直接工事に参加する **LBT（Labour Based Technology）** と呼ばれる労働集約的な工法によるものである。

---

* 5 「アフガニスタン国カブール首都圏開発計画推進プロジェクト LBT 導入可能性調査」、国際協力機構（JICA）、（株）エイト日本技術開発、（社）国際建設技術協会

## （1）想定されるインフラ開発の効果

　想定されるインフラ開発の効果について整理する。**図表 2-2** は国際機関の **ILO（国際労働機関）** が作成したものであり、アクセス改善による**裨益効果**<sup>*6</sup> の例を表したものである。この図は、時計回りに水、薪、保健、教育、雇用、農作業、販売する市場そして農業加工の絵が描かれており、道路アクセスを整備することによりこれらのサービス手段とアクセスが可能になることを示している。

　詳しく見ると、これらの効果はまさしく**図表 2-1**「インフラによる人間の潜在能力発現」に含まれているものである。その意味で先の図はインフラの効果について概念的に正しいと判断できる。それでは生活道路を整備すると、実際にはどのように、そしてどの程度の整備効果が発生するのであろうか。そもそも交通アクセスの効果はこれだけなのであろうか。これらの疑問について検証したい。

## （2）住民へのヒアリングで確認された農業に与えたインフラ開発の効果

　住民に対するヒアリング調査により、住民の生活に最も影響のある農業に与えたインフラ開発の効果について確認してみる<sup>*7</sup>。

出典:ILO資料

**図表 2-2　交通アクセス改善による裨益効果の例**

＊ 6　役に立つ度合いのこと
＊ 7　本事例は NPO 法人道普請人によるケニア国エルドレッドで実施したプロジェクト（2009）の効果である。

### ① 農作物の販売に関して

　農作物と市場（マーケット）のアクセスが良くなることで買い手が増えたため、仲買人が増加した。調査対象の村はパッションフルーツ、トマト、豆などが主な農作物である。仲買人が村まで直接買い付けに来てくれるようになり、運搬の手間と経費が削減できた。さらには、市場に早朝農作物を持って行けるようになり、卸売価格が改善された。これにより、経費だけではなく時間の節約にもつながるなどの効果が発現された。

　農作物は新鮮な方が商品価値は高くなる。最近は日本のスーパーでも「朝どり野菜」が置かれるようになっているが、アフリカの農村ではまだ電化されていない地域も多いため、新鮮な野菜・食糧に対する需要はむしろ私達より高いといえる。そして買い手が増えるということは、商品・農作物の価格が上がるということである。

　パッションフルーツの価格上昇は、実に 3.8 倍に及んでいる。また、トマトなどはこれまで個々に卸していたが、グループとして量をまとめて取引できるようになり、引き取り価格が上昇したという意見もあった。

### ② 農作物の生産に関して

　農産物を市場まで確実に運搬できるようになり、生産規模が拡大した。農作物が売れるようになることで農民の生産意識も高まった。

　調査では 1 人当たりの作付面積が 2 倍から 4 倍に、1 人当たりの耕作地が 16.2% から 50% に増えている。ヒアリングによると、これまでは、せっかく作ったトマトも市場に持って行けず、腐らしてしまうことが多かったそうである。

　また、**農業普及員**が頻繁に村を訪れ、生産の指導が受けられるようになったことから、農作物の品質が向上した。このように生活道路を改善したことにより、農民にとって生産規模が拡大しただけでなく、品質も良くなったことが明らかになった。

## （3）住民ヒアリングで確認された農業以外のインフラ開発の効果

　次に、他の事例であるが、住民ヒアリングで確認された農業以外の分野に与えたインフラ開発の効果について検証する[8]。

---

[8]　本事例は「タンザニア国 LBT 研修能力強化プロジェクト」（2006～2011 年）で実施されたムベヤ州におけるパイロットプロジェクトの効果である。

## ① 雇用・経済の活性化

- 道路整備の工事を通じて、延べ 2,700 人／日の住民を雇用した。
- 雇用の 60％は女性の労働者、特に主婦であったことから、女性の雇用促進、女性の社会参加支援にも効果があった。
- 工事による地域経済への効果を算定すると、総額で 7,300 US ドルの経済効果があった。
- 沿道のレストランで売り上げが増加した。
- 沿道の小売商店では、道路整備後の売り上げが 2 割以上向上した。

## ② 交通改善の効果

- 村から市場へのアクセスが改善されたことに加え、徒歩、自転車、バイク、車両の双方行き違いが可能となり、円滑な通行が行えるようになった。

## ③ 技術普及・オーナーシップの向上

- 小規模業者の施工能力が向上したことに加え、沿道住民の労働者が多かったことから、住民の道路に対する愛着が発生するとともに将来の雇用機会増大につながる技術の習得機会を得た。
- 住民の道路管理に対する**オーナーシップ** [*9] 向上の効果も見られた。

## ④ 住環境改善

- 劣悪な道路に嫌気がさし、移転を考えていた人達が、道路整備に伴い、そこに留まり、家の改築を始めるなど沿道の**定住促進効果**も確認された。

写真 2-1　住民主体の道路工事風景（タンザニア）

---

＊9　オーナーシップ：所有者としての意識。

## インフラの組織【日本の場合】

　インフラを管理する組織は、国、県や市町村などの自治体、公的な独立行政法人（旧公団、事業団）や高速道路会社、そして公的機関より業務委託を受けた公的企業（含む第3セクター）、および民間会社などが関係している。

　基本的にインフラ事業は民間の事業としては成り立ちにくいため、通常は国や地方自治体、公的な企業により整備・運営されている。例えば日本の道路の場合、国内の重要都市を結ぶ主要な道路（一般国道）は国、高速道路は旧道路公団を前身とする各高速道路会社、その他の市町村道路はこれら自治体が整備・運営を担っている。

### 1 国土交通省などの中央官庁

　運輸交通をはじめ主要インフラを所管（管理・運営）する**国土交通省（国交省）**は、国土の総合的かつ体系的な利用、開発および保全、そのための社会資本の整合的な整備、交通政策の推進、気象業務の発展並びに海上の安全および治安の確保などを担う中央官庁である。

　国交省以外のインフラ関連中央官庁には、電気通信分野を所管する**総務省**、教育分野の**文部科学省**、保健衛生分野の**厚生労働省**、農業の**農林水産省**、資源エネルギーの**経済産業省**、およびそれらの活動を監視・規制する官庁として**環境省**などがある。

### 2 県、市町村などの地方自治体

　私達の生活に密着した生活道路や公園、あるいは県や市の総合病院など多くのインフラは**地方自治体**によって整備されている。都道府県や市区町村など地方自治体は身近なインフラ整備を図る上で重要な存在となっている。

　日本の国際競争力を高めるには、首都圏の国際競争力を強化する必要がある。一方、東京への過度の人口集中は、防災上の課題をはじめ問題点が多く、

併せて一定の人口維持が可能な地方の中核的都市に高度医療施設や大学等の高次の都市機能を移転・集約していくことも重要である。

　東京圏への一極集中の影響から、地方部は人口の減少が著しく衰退化を招いている。人口密度と1人当たり行政コスト間の相関は高いことから、自治体内での集住を促し、都市機能のコンパクト化を進めることも、これからの地方都市の持続可能性を高めるために重要な課題となっている[*10]。

### 3 独立行政法人、高速道路会社

　**独立行政法人（独法）**とは、各府省の行政活動から政策の実施部門のうち一定の事務・事業を分離し、これを担当する独立の法人格を与えられた機関である。国土交通省関連の主な独立行政法人としては、鉄道建設・運輸施設整備支援機構（旧日本鉄道建設公団）、水資源機構（旧水資源開発公団）、都市再生機構（UR：旧都市基盤整備公団等）などがある。

　高速道路株式会社とは、同法により、道路関係4公団を民営化した東日本高速道路株式会社（NEXCO東日本）など6つの株式会社である。これらの組織が、実際の施設建設、管理・運営を担当している。

## 2-3　インフラの法体制

　必要なインフラサービスを効率よく提供するためには、単なる施設整備（これをハード面という）のみならず、施設に関する法制度の整備や教育訓練などが重要となっている（これをソフト面という）。

　日本の**行政法**は一般的に次のように大別される。すなわち、
①行政組織法：国家行政組織法など
②行政作用法：道路法、港湾法など
③行政救済法：行政活動により市民に不利益が生じた場合の救済に関するもので、行政事件訴訟法、行政不服審査法、国家賠償法など。

---

*10　「社会資本整備を巡る現状と課題」財務省主計局、2014年10月20日

インフラを適切に管理・運営していくためには、その行為の正当性を裏付けるために関連の法案が必要になってくる。

　戦後、経済は回復する一方で、運輸交通インフラ整備のために充てられる財源はきわめて限定的であった。そこで政府は交通インフラの計画的な整備と管理のために公的な枠組みを整えることにより、わずか10年ほどの間に数多くの関連法の整備を行った。

　この中には**財政投融資**や**（道路）特定財源制度**といった財源確保の仕組みや、**整備緊急措置法**など5か年計画の根拠となるインフラに関する重要な法律が制定されている。これにより、インフラ整備のための仕組みを整備し、本格的なインフラ整備事業を推し進めたのである[11]。

## 2-4　インフラの財源

　インフラを整備・運営する財源制度は基本的には公共が負担することになっているが、各インフラの性格によって、それぞれ扱い方が異なっている。ここでは、代表的事例として道路分野の財源について紹介しよう。

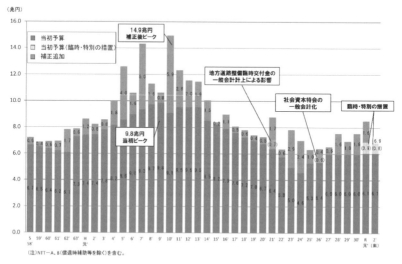

図表 2-3　公共事業関係費（政府全体）の推移 [12]

*11　金子彰『発展途上国における運輸交通に関する法制度形成のための協力についての一考察』東洋大学、2013 年
*12　国土交通省、2021 年

　道路法で位置づけられた道路の種類は、**高速自動車国道**、**一般国道**、**都道府県道**（政令指定都市を含む）、**市町村道**の4つである。これら道路の整備財源は**国費**、**地方費**、**借入金**（有料道路の料金収入）によって賄われている。

　整備財源は、道路の種類と新築・改築、維持・修繕といった工事内容に応じて負担・補助の割合は異なる。国が管理する直轄国道を新築・改築する場合は、国がその費用の3分の2を負担し、3分の1は自治体が費用を負担している。

## 1 道路財源

　道路財源は、道路使用により利益を受ける者が相応の費用を負担する受益者負担の考え方に基づいている。戦後の道路行政の飛躍的発展を支えた二本の柱は、有料道路制度および道路特定財源制度であった。**有料道路制度**は、借入金によって道路を建設・管理し、受益者負担の原則に基づいて、一定期間は有料制をとり、借入金を全額償還した後は、国など本来の道路管理者に引き継ぎ、無料開放するという制度である。

　諸外国の事例を参考に作られたとされる**道路特定財源**は、道路を利用する自動車の所有者やその燃料を使用した人が道路の建設・維持費用を負担するものであり、ガソリンにかかる**揮発油税**、**自動車重量税**などを財源に充て1954年に設置された。モータリゼーションの普及など、道路整備の重要性が急速に高まった社会背景もあり、道路財源として重宝された。

　しかし、一定規模の道路が整備されると、一般財源化を図るため2009年に役割を終えて本制度は廃止された。これ以降、道路財源は民間資金の導入など新たな取り組み施策が求められている。なお、自動車関連の税制度を整備して一定の道路整備の財源を確保しようとする動きは、多くの途上国で現在も試みられている。

## 2 民間資金の活用

　今日、主なインフラ、特に電力、道路、鉄道、水道の整備・運営に対する

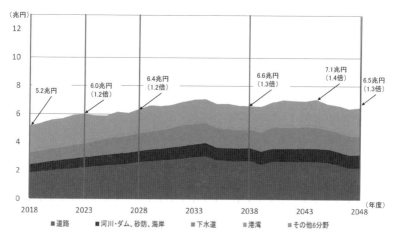

（兆円）

| 年度 | 費用 | 倍率 |
|---|---|---|
| 2018 | 5.2兆円 | |
| 2023 | 6.0兆円 | (1.2倍) |
| 2028 | 6.4兆円 | (1.2倍) |
| 2038 | 6.6兆円 | (1.3倍) |
| 2043 | 7.1兆円 | (1.4倍) |
| 2048 | 6.5兆円 | (1.3倍) |

■道路　■河川・ダム、砂防、海岸　■下水道　■港湾　■その他6分野

図表 2-4　国土交通省所管分野における維持管理・更新費の推計 [*13]

需要がグローバルレベルで拡大している。インフラ事業は通常、行政の支出で手掛けられる場合が多いが、1990 年代以降、財政負担の軽減などを目的に、民間資金の活用も進んでいる。

　民間資金による資金調達形態の中心は**プロジェクトファイナンス**である。また、インフラ施設の老朽化も進行しており、施設をいかに維持管理・更新するかは、国内でも大きな問題になっている。国や自治体も深刻な財政難に直面しており、対策の先行きは不透明である。

　日本の公共インフラや公共施設は、高度成長期やバブル崩壊後の 1990 年に集中的に整備された。このうち、高度成長期に整備された公共インフラは、すでに建設から 30 〜 50 年が経過している。今後は老朽化が進行すると想定されており、将来インフラを維持管理・更新する費用の大幅な増大が見込まれている。国交省は、同省所管のインフラ施設の 2019 年度から 2040 年度までの 30 年間に必要な維持管理・更新費を 176.5~194.6 兆円と試算している。長期的な費用増加は、最大で 1.3 倍である（**図表 2-4** 参照）。

　現在、国と地方は合わせると 2020 度末に約 1,125 兆円（対 GDP 比 197%）に達する借金（長期債務残高）を抱えている。その中で、老朽化したインフラの維持管理を進めていくための費用を工面しなくてはならず、財政的にも非常に困難な状態となっている。このため、本当に必要なインフラを見極め、

*13　国土交通省、2018 年

老朽化したものについては、「選択と集中」戦略で効率的に更新したり減らしたりする必要がある。その際有効なのが **PFI**[14]、あるいは **PPP**[15] である。

　PFI とは、公共インフラ・施設などの建設、維持管理、運営に対し、民間の資金、経営能力、技術的能力を活用して、公共サービスを効率的かつ効果的に行う手法である。PFI を導入する際には、**VFM**[16] という指標を判断基準に、従来型の公共事業と PFI の手法を用いた場合のそれぞれの費用を比較・検討する。そのうえで、PFI のほうが費用対効果で優れている場合に導入が図られる。

　1999 年に PFI 法（民間資金等の活用による公共施設等の整備等に関する法律）が施行され、2019 年までの 20 年間で 740 件の PFI 事業が実施されている。対象は、学校や宿舎といった施設系の整備事業が主体であったが、PFI の趣旨や導入後の効果を考慮すると、大規模な公共インフラの維持管理や更新などの事業にも、本手法を積極的に活用する余地は大きい。

　また PFI の事業は、15 年から 20 年に及ぶ長期期間の**一括発注・長期契約**で行われることから、プロジェクト全体の費用である**ライフサイクルコスト**の抑制効果も期待されている。

図表 2-5　PFI の分野別事業数 (2019 年 3 月 31 日現在) [17]

| 分　野 | 事業主体別 | | | 合計 |
|---|---|---|---|---|
| | 国 | 地方 | その他 | |
| 教育と文化（社会教育施設、文化施設 等） | 3 | 207（29） | 40（2） | 250（31） |
| 生活と福祉（福祉施設 等） | 0 | 24（1） | 0 | 24（1） |
| 健康と環境（医療施設、廃棄物処理施設、斎場 等） | 0 | 111（7） | 2 | 113（7） |
| 産業（観光施設、農業振興施設 等） | 0 | 18（5） | 0 | 18（5） |
| まちづくり（道路、公園、下水道施設、港湾施設 等） | 18（1） | 151（20） | 2 | 171（21） |
| 安心（警察施設、消防施設、行刑施設 等） | 8 | 18 | 0 | 26 |
| 庁舎と宿舎（事務庁舎、公務員宿舎 等） | 45（2） | 16（1） | 6（2） | 67（5） |
| その他（複合施設 等） | 7 | 63（3） | 1 | 71（3） |
| 合　計 | 81（3） | 608（66） | 51（4） | 740（73） |

（注 1）事業数は、内閣府調査により実施方針の公表を把握している PFI に基づいた事業の数であり、サービス提供期間中に契約解除又は廃止した事業及び実施方針公表以降に事業を断念しサービスの提供に及んでいない事業は含んでいない。
（注 2）括弧内は平成 30 年度の実施件数（内数）

*14　Private Finance Initiative
*15　Public Private Partnership
*16　Value for Money
*17　内閣府資料

# 未来への処方箋

## 国際開発の視点

　開発途上国ではインフラの未整備が原因で、経済的な自立が困難となっている。インフラの不足が社会サービスへのアクセスを妨げ、貧困層の拡大や社会不安の増大につながり、人々の生存すら脅かしている。このように**途上国では、経済・社会発展を推し進めるため、水資源、電力、交通網など、インフラの量的な確保が必要**となる。

　圧倒的に不足するインフラの整備を図るには、まずは事業を円滑に実施するための組織・制度を確立することが求められる。建設施設やネットワークを構築し、運用や維持管理を行うため、必要な視点は次のとおりである。

> ▶新たな組織・制度の設置方策および拡大方策
> ▶大型の資金の導入・調達方策
> ▶民間による事業参画・運営方式の導入（PFI）◆━➡地方創生と共通
> ▶ ICT など先端技術の導入方策◆━➡地方創生と共通

途上国の都市部では交通渋滞が深刻で様々な支障が生じている
（ウガンダ、カンパラ市）

# 地方創生の視点

　国内では、少子高齢化による人材不足、および減収に伴う事業化縮小による社会背景から、インフラを効率的に管理運用する必要がある。

　このため、組織・制度も、より機能的に整備を図ることが求められている。

　必要な視点は次のとおりである。

> ▶組織のコンパクト化・統合・合理化
> ▶首都圏（都市部）に集中している組織機能の一部移転
> ▶少子高齢化による財源不足に対応した継続的な資金源の確保
> ▶民間による事業参画・運営（PFI）方式の導入◀▶国際開発と共通
> ▶ ICT など先端技術の導入◀▶国際開発と共通

国内の多くの地方中山間地では、開発・維持管理資金の減少に直面しており、地域活性化に向けたインフラ施設の整備が求められている（筆者が学生とまちづくり活動に取り組んでいる山梨県富士川町）

# 第**3**章 インフラ計画とデータ分析

途上国の経済発展は基幹インフラ整備によって支えられている（ベトナム国ホーチミン市で日本の ODA によって進められている南北ハイウエイ Binh Khanh 橋整備事業）

## 本章の目標

# インフラ計画に必要なデータ分析の基礎を理解する

## ターゲット

☐ 計画策定のため、複数のデータを用いて分析する流れを理解する

☐ 複数の要因間の関係性を因果関係として明らかにする分析手法を理解する

☐ プロジェクト報告書で利用する FIRR 計算の演習を通じて、分析手法を理解する

☐ 需要予測を通じて、プロジェクトの妥当性を検討する手法を理解する

## SDGs

質の高い教育をみんなに

安全な水とトイレを世界中に

エネルギーをみんなにそしてクリーンに

働きがいも経済成長も

産業と技術革新の基盤を作ろう

住み続けられるまちづくりを

## 3-1　インフラ計画と分析

**プロジェクト評価**は複数のデータ分析を経て行われる。分析によって複数の要因間の関係性を因果関係として明らかにし、事前に知ることが難しい需要の予測などが可能となり、プロジェクトの妥当性を検討できる。

本章ではデータ分析の基礎を具体例を用いて解説する。まず道路建設プロジェクトにおける計画、事業、維持管理の流れを**図表 3-1** に示す。

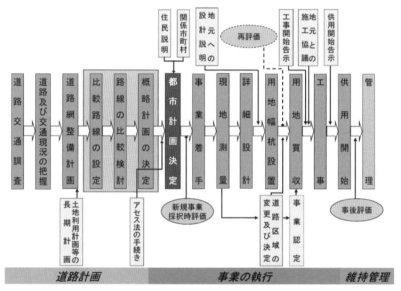

図表 3-1　道路建設事業の流れ *1

本章で対象とするプロジェクトの計画は、上図の前段**道路計画**の部分に相当する。この計画は、次の３つのセクションに分類される。

①現況の把握や予測を行う根拠とするための**データ（情報）収集**をする。

②得られたデータや他の上位・長期計画との整合を図りながら**データ分析**を行う。具体的には需要予測やその結果から得られる**収入（便益）**と、必要となる建設費や維持費などの**費用**を計算する。

③分析結果から事業の**妥当性を判断**する。

---

* 1　国土交通省「道路行政の簡単解説　Ⅲ.道路をつくる」

## 1 データ（情報）の収集

データを収集するには、次の方法がある。
① すでに整備されている**統計データ（オープンデータ）**を活用する。
② 独自の調査を実施する。

インフラのように公益性が高い計画で必要となる基礎データは統計データとして整備することが統計法で定められている。日本の統計は**基幹統計**、**一般統計**、**業務統計**の３統計に分類される（**図表 3-2**）。

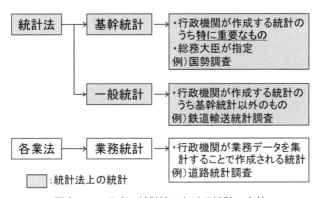

図表 3-2　日本の統計法における統計の定義

基幹統計は、全国的な政策を企画立案し、実施する上で特に重要な統計、研究活動のために広く利用されると見込まれる統計、国際機関に求められるもの、国際比較を行う上で特に重要な統計、とされている。この統計法は多くの国で整備されており、人口や経済活動などのデータは日本のみならず途上国でも比較的簡単に入手できる。

しかし、道路交通に例えれば、対象路線の道路交通量などは**交通センサス**[2]を除けば、実際に調査を行わなければならない。また地域住民の意識調査などは**アンケート調査**、**インタビュー調査**などを実施する必要がある。これらの調査は**社会調査**と呼ばれ、非常に重要な分野であるが多岐にわたるため本章では省略する[3]。

---

*2　全国の主要地点で一定時間内（12 時間・24 時間）に通過する交通量を、車種別に定期的に計測する調査。
*3　興味のある向きは『人文・社会科学の統計学』（東京大学教養学部統計学教室編、東京大学出版会、1994 年）などを参照されたい。

## 2 インフラデータ整備に関する新たな動き

　交通関連インフラは経済発展を支える最も基本的なインフラである。した
がって、これに関連する**交通統計データ**の整備は、特に途上国において重要
となる。しかし多くの途上国は、この交通関連統計環境が貧弱でもある。そ
れは統計を収集する環境が未整備であるからに他ならない。

　こうしたなか、東アジア地域における日本の関係強化の一環として、日本
と ASEAN の貿易・投資を促進し、緊密な経済関係を形成するため、経済活動
を支える交通分野における**日 ASEAN 交通連携基本枠組**が 2004 年に構築され
た。日 ASEAN 連携プロジェクトを通じ、交通分野における ASEAN 諸国との
連携を推進することとなった。その枠組みの 1 つとして**日 ASEAN 交通連携プ
ログラム**（ASEAN-Japan Transport Partnership：**AJTP**）が国土交通省主管、（社）
海外運輸協力協会（Japan Transport Cooperation Association :JTCA）実務担当によ
り立ち上げられた。その中核をなすのが**情報プラットフォーム事業**であり、
交通統計整備とデータベース化、ウェブサイトにおける情報公開などが盛り
込まれている。

　この情報プラットフォーム事業では単に各国にデータの提供を求めるだけ
ではなく、ASEAN 各国のうち交通統計整備が遅れている国々（カンボジア、ラ
オス、ミャンマー、ベトナムなどのいわゆる CLMV 諸国）などのデータ集計システ
ム構築をサポートすることも目的に含まれている。AJTP における**共通テンプ
レート**の整備は 2007 年度より行われており、筆者もその評価を担当した。

## 3 定量データと定性データ

　データには大きく分けて、**定量データ**（量的変数：Quantitative Variables）と
**定性データ**（質的変数：Qualitative Variables）の 2 種類がある。

　定量データとは、身長や気温、売上高など、単位の付いた数値として把握
できる情報のことである。数値として意味のあるデータであり、平均値など
が計算可能である。また定量データは身長や気温などのように途切れること

なく連続する**連続データ**と、人数や個数のように 1 と 2 の間にデータがない**離散データ**に区分される。

　定性データとは、性別、この商品が好きか嫌いか、車を持っているかいないか、など、具体的な数値情報として表せない質的な情報である。分類や種類を区別するためのデータであり、足したり引いたり計算できないデータである。もちろん、持っている＝ 1、持っていない＝ 0 などの数値に置き換えてデータ処理することも可能だが、それはあくまでも置き換えであり、本質的に定量データとは異なる。

図表 3-3　データの種類と尺度 [*4]

| 種類 | データの意味 | 尺度による種類 | 尺度の意味 | 具体例 |
|---|---|---|---|---|
| 定量データ | 数値として意味のあるデータ。 | 間隔尺度 | 数値の間隔に意味があり、0 が経過を示すひとつの状態を意味する。加減算が可能。 | 日数、時刻、年齢、試験の成績など |
| | | 比例尺度 | データの比率に意味があり、0 が「存在しない」ことを意味する。四則演算が可能。 | 速度、時間、身長、体重、貯蓄額　など |
| 定性データ | 順序・階級などを識別するためのデータ。識別子に数字を用いる場合が多い。 | 名義尺度 | 分類の順序に意味が無いもの。単なるラベル。 | 性別、賛否、所持の有無、血液型　など |
| | | 順序尺度 | 分類の順序に意味があるもの。計算はできないが大小関係の比較は可能。 | 満足度（1：ネガティブ、5：ポジティブ） |

　個人の生活に対するデータに関して、年収や年間労働時間など、他者との比較が（文字どおり）定量的に把握できるものが定量データであり、配偶者・子どもの有無、住居形態など、生活の質を測定するのが定性データである。

　一般的に経済発展前で社会が成熟（多様化）する前には、定量データを中心にした分析で、おおよその社会をある程度把握できるとされている。だが、経済発展を遂げ、個人の価値観や消費者行動が多様化した社会では、データとして観察できるものに定性的な要素が多く入り込んでいる。例えば消費行動に衣食住が占める割合が多い発展初期では、所得や食費に基づいたエンゲル係数や初等教育率などが重要であるが、経済発展の進展とともに趣味・嗜好に基づいた消費結果「この商品はなぜ売れるのか」といった購買決定因子

---

* 4　著者作成

には、消費行動心理や社会行動心理といった定性データを分析する必要があり、**図表 3-3** に示したような**名義尺度**や**順序尺度**が必要となる。

## 4 データとデータ分析に対する 2 つの考え方

　例えば、ある地域の所得に関するデータを入手したとする。このデータを一見しただけで内容や傾向を理解し、考察できる人はいない。多くの人がヒストグラムの作成や平均のような指標を計算し、それに基づいて傾向を判断している。この作業は初歩のデータ分析である。

　データ分析を実施する場合、データの入手や適切な分析手法の選択方法について理解する必要がある。データ分析では多種多様な分析手法を用いるが、その大半の根拠となるのが**統計学**（Statistics）である。しかし分析者がすべてに精通した統計学者である必要はない。数多くの先行事例や研究があり、そこで用いられた分析手法を応用することで一定の成果を上げることは可能である。しかし、統計学における**記述統計**（Descriptive Statistics）と**推測統計**（Estimation Statistics）と呼ばれる 2 つの分野については最低限、理解する必要がある。

　記述統計は、データが取られた集団自体に関心を持ち、その特徴をつかもうとする「データを要約し記述する」ことを目的としている。記述統計で用いる様々な量のことを**記述統計量**という。平均、最大値や最小値、標準偏差（分散）といった**基礎統計量**は、集団を何らかの形で代表していると考えられるので、**代表値**（Representative Value）と呼ばれることもある。したがって、記述統計の分析手法は**仮説探索的**(Hypothesis Exploratory)な指向性を持っている。「探索的」とは、特定の仮説を事前に用意しないでデータに向き合うことであり、データの中から何らかの規則的関係や新たな研究仮説を発見することを目的とした考え方である。

　これに対して**推測統計**とは、データを含んだより大きな集まり（母集団：Population）に関して、意味のある情報を得ようとするものであり、サンプルデータに基づいた推測を行うため、推測統計という。限られたデータからより大きな集団を推測するため**誤差**（Error）や**偏り**（Bias）が重要となり、分析

手法は**仮説検証的**（Hypothesis Confirmatory）なものとなる。事前に検証すべき（時に反証すべき）仮説を用意し、収集されたデータがその仮説と一致するか否かを判断する。この判断は各種確率分布に対する有意水準との位置関係から行われ、この過程を**検定**という。

　一般的なデータ分析手法では、ほとんどの場合で推測統計の立場から議論が行われている。分析の目的が、データの背後にある（直観では把握できない）因果関係や構造といったことを明らかにすることにあるからである。推測統計における、仮説に基づいて関連性を明らかにする各種手法を**多変量解析**と総称しており、インフラ計画でデータを利用する手法の大半はこの多変量解析に準拠している。

## 5 データ分析の手順

　本書の対象者は、文系も含む学生、または政策実務者であり、分析対象について一定の専門知識はあるものの、分析手法の専門家ではないと想定する。まず学ぶべきは次である。
① 先行事例・研究の調査（サーベイ）
② データの取得方法の検討
③ 分析手法の選択・理解と結果に対する適切な判断（考察）
　先行事例・研究の調査はインターネットで検索することで飛躍的に効率が上がり、分析における計算をサポートするフリーの**統計アプリケーション**も多数ある。しかし調査の不十分さや分析手法を正しく理解しない場合、適切ではない手法の選択や、データに起因する異常値や外れ値の使用が起こりえる。
　次節以降、インフラ計画で求められる分析手法の具体例を 3 つとりあげる。
①**マクロ的視点**：経済発展と自家用車普及（**回帰分析**）
②**ミクロ的視点**：建設資材支給事業における経済波及効果計測（**産業連関分析**）
③**事業採算性評価**：小水力発電計画策定調査（**財務分析**）

## 3-2　インフラ計画と経済発展のマクロ的分析

　インフラ整備が、その国の経済に与える影響分析について、吉田による「経済発展とインフラ整備のマクロ的相関関係の実証分析や開発途上国におけるインフラ整備のための長期的な資源配分に関する理論的実証的研究は少ない」[*5] の指摘があるように、1990 年代中期までインフラ整備が経済発展にどのような影響を与えたのかという検証は本格的に行われてこなかった。

　もちろんミクロなレベルでは個々のプロジェクトごとに**費用便益**分析が行われていたが、一国の経済成長との関連性に関するマクロ的な視点に乏しかった。データ不備も一因である。しかし 1990 年代後半以降、インフラの整備が経済へ与える影響や効果を定量的に把握し、分析することが、資金調達などの開発援助的な側面から非常に重要度を増してきた。

　このような経緯から、経済発展の背景とインフラとの関連性のメカニズムを解き明かそうとする試みが、WB、ADB をはじめ、わが国の JICA、JBIC などの援助機関、および開発経済学の分野に関わる研究者による評価分析によって議論され、多数の論文、レポートによって実証的な分析が試みられている。

　これら理論的・実証的な研究の増大は、開発分野における国際社会共通の目標として設定された**ミレニアム開発目標（MDGs）**や**持続可能な開発のための 2030 アジェンダ（SDGs）**の存在にも連動しているといえよう。極度の貧困と飢餓の撲滅など、2015 年までに達成すべき 8 つの目標を掲げた MDGs の後継目標である SDGs においても、インフラは貧困削減に重要な役割を果たすものと位置付けている。

　Leipziger（2003）[*6] は、社会指標とインフラの関係に関しての基礎的な分析を試みている。この分析は社会指標全般に関して行われており、インフラの整備は貧困削減に向けた社会問題脱却にも有効であり、例えば「インフラ指標の向上が幼児死亡率などを改善している」との具体例をも示している。

---

＊ 5　吉田恒昭「経済発展とインフラ整備－日本の経験と開発途上国」『国際開発学Ｉ』東洋経済新報社、2000 年
＊ 6　Leipziger,D., Fay,M., Wodon,Q. and T.Yepes,Achieving the Millennium Development Goals, The Role of Infrastructure,World Bank Working Paper,2003

## 経済発展と自家用車所有の単回帰分析

　道路交通は、道路自体の整備も重要事項であるが、それにもまして走行する自動車の普及が重要なポイントであり、自動車の普及を満たす道路の整備水準に達しているかとの兼ね合いも重要となる。経済成長と車の保有の関係については、代表的既存研究としてタナーによる次の需要予測方法[7]がある。

　「各国社会基盤施設の整備、車に対する社会的姿勢に適応するため、自動車需要予測は長期的な展望が重要である。車保有水準が所得に対して低いのは、急激な経済成長をした国であり、現在の車保有率を予測する指標として20年前の域内総生産が最良である。つまり20年前に経済指標が高い値を示し、その後緩やかな成長だった国は、現在の車保有率は所得から期待されるより若干高くなる」。

　一方OECDは需要の予測方法を以下のように分析している[8]。

　「飽和状態に至った場合の車保有水準の推定方法は、車の運転に適する人口の比率から求められる。ほとんどの国々で年齢的、身体的に車の運転に適する人口の比率が60〜63%であり、もしこの人々がすべて自分の車を持つとすると、人口1,000人に対して車の数は600〜630台に達する。しかし経済成長が進展し豊かさが高水準に達する国であっても人口1,000人あたり700台を越えて保有している国はない」。

　これらを参考にしつつ、以下では所得水準と自家用車普及率について、多変量解析の代表的な手法である回帰分析を使った例を示す。

　3-1 ④の推測統計で述べたように多変量解析では、事前に検証すべき仮説を用意し、収集されたデータがその仮説と一致するか否かを判断する。今回は「所得水準が上昇すれば、乗用車の所有率も上がるのではないか」といったものが仮説となる。

　単回帰分析(Simple Regression Analysis)とは、2つの事象の間に存在する因果関係を明らかにすることである。単回帰分析では2つの事象を観測された変数で表し、因果関係の「因」に当たるものを説明変数（x）、「果」に当たるものを被説明変数（y）とする。この2つの変数の間にリニア（線型）な関係が存在する場合、次の回帰式（一次関数式＝線形）で表すことができる。

＊7　A. アルトシュラー他著、中村英夫他訳『自動車の将来』日本放送出版協会、1984
Tanner,J.C., *International Comparisons of Cars and Car Usage*, Crowthorne, U.K.: Transport and Road Research Laboratory, 1983
＊8　OECD, Long Term Perspectives of the World Automobile Industry, November 1982

$$y = \alpha + \beta x \qquad \cdots\cdots\cdots 式 3\text{-}1$$

　最後にその数式がどの程度妥当であるかを検証するために、説明割合を表す決定係数の検討やパラメータの有意性検定を行う。

　各国の 2010 年における東アジアにおける「1,000 人当たり乗用車数」「GDP per Capia(2,005US\$)」の関係を**図表 3-4** に示す。いくつかのグループに分かれていることがよくわかる。

　さらに 2001-2012 年の推移を見たものが**図表 3-5** である。日本（JPN）より少ない所得水準で同程度の自動車の保有水準レベルとなった韓国（KOR）、さらにそれを上回るマレーシア（MYS）が特徴的である。このように国の自動車普及に関してはその経済発展状況に応じていくつかのパターンがあり、特にアジア地域はそのパターンは国ごとや地域によって異なっていることが考えられる。またマレーシアなどは所得水準が日本の 1/5 にも満たない時期に日本や韓国に相当する台数が普及している。またインドネシア（IDN）のトレンドがマレーシアと同じ傾向にある。この分析はさらに所得水準を対数化するなど改良することで、決定係数などを改善することができる[9]。　　　　　　　　　（武田）

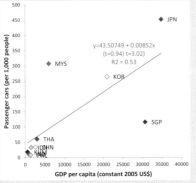

図表 3-4　東アジアにおける所得水準と乗用車普及の関係（2010 年）

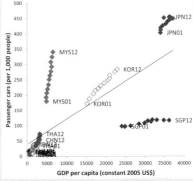

図表 3-5　東アジアにおける所得水準と乗用車普及の関係（2001-2012 年）

---

＊9　ここでは詳細な説明は割愛する。

## 3-3 インフラ計画と経済発展のミクロ的分析

### 1 農村部道建設と地域経済に関する既存研究

　農村の道路建設や改良が地域経済に与える影響を扱った ADB（2002）[*10] や Hettige（2006）[*11] などはミクロな視点でのインフラ整備とその影響に関する典型的な分析である。ここで対象としているインフラ整備は、農村地域における道路の建設や改良である。そして道路建設や改良工事により直接的には建設、保守、輸送サービスにおける雇用機会を創出するとともに、間接的には新たな市場の形成やビジネスチャンスを開き、教育や医療施設へのアクセスを改善することができると結論付けている。

　大気汚染の原因は様々であるが、大都市における主たる排出源は工場をはじめとした産業排出よりも自動車の影響が大きい。さらに、発電施設、下水道・下水処理施設、ゴミ処理施設といった都市環境を維持するうえで欠かせないインフラ整備が追い付いていない。アジア各国は大都市と農村部の格差が激しく、都市単位の分析は非常に興味深い結果を得ることができると期待されるが、縦横断的なデータの把握は事実上首都以外では不可能である。日本においても、都市単位のインフラデータの収集は大都市以外では体系的になされていない。都市それぞれの特徴を踏まえた分析はいくつか行われている[*12]。

### 2 産業連関分析

　当初、マクロな計画経済におけるフレームづくりを目的としてスタートした産業連関分析は、その後様々な経済分析に応用されている。近年は国内および国際間の経済分析のみならず、市町村単位の政策・イベントの評価などミクロな分野にも積極的に用いられている。産業連関表には、財・サービスの県内生産額、需要先別販売額、産業ごとの費用構成など、年度内における対象地域内の全経済活動が数値で示されており、このデータから対象地域内

*10　ADB, Impact of Rural Roads on Poverty Reduction: A Case Study-Based Analysis, IES: REG 2002-15, 2002
*11　Hettige,E., *When Do Rural Roads Benefit The Poor and How? An In-depth Analysis Based on Case Studies*, ADB, 2006
*12　大阪市立大学経済研究所『アジアの大都市 (1) バンコク』日本評論社、1998 年ほか

の経済構造を把握できる。またその構造が変化しないことを前提にして、特定の産業の最終需要の変化による、地域内への各産業における生産量の増減を**生産波及**として計算が可能である。

　また産業連関表の構造分析は、各産業部門間の結びつきを明確にするうえで重要であり、様々な係数を産みだし、それらに基づいた分析手法が開発されている。このうち**投入係数**による分析は最も基本的なものである。投入係数とは、ある産業において1単位の生産を行う際に必要とされる原材料等の単位を示したものである。

　日本では全国の産業連関表はもとより、都道府県単位の産業連関表が作成されている。例えば長野県では、国の産業連関表の作成ガイドを参考に長野県産業連関表を作成・公表している。しかし市町村単位の作成は一部の大規模自治体に限られている。そこで都道府県単位の産業連関表を用いて簡便な方法で基礎自治体である市町村ごとの産業連関表を作成し、政策・イベントなどの実施における経済波及効果の計測を行う試みが増えてきた。

## 下條村建設資材支給事業分析

　長野県下伊那郡下條村における住民参加型インフラ整備（Lobour Based Technology: LBT）の国内版「建設資材支給事業」を例として、この事業開始時に行政側が懸念した「住民が事業を行うことにより地元業者の経済活動（仕事）が減る」という負の波及効果について計測を試みた。

　長野県では、国の産業連関表の作成ガイドを参考に長野県産業連関表を作成・公表している。この産業連関表をベースに下條村産業連関表を作成し、建設資材支給事業の影響を計測した[13]。

① 　直接効果額：下條村の建設業にこの額の工事が増加して行われたとすると、投入される原材料は 11,991,792.2 円となる。このうち下條村内で発生する額は 9,786,959.9 万円である。

② 　波及効果総額：①で計算された値に基づき、間接1次波及効果額を計算し、12,632,358.9 円という額を得た。したがって、ここまでの生産波及効果全体と

---

[13] 　各種指標計算には芦谷恒憲（2017）「地域産業連関表を用いた経済波及効果分析と課題」環太平洋産業連関分析学会 2016 年度第 3 回産業連関分析セミナーを参考とした。

しては 34,443,505.9 円となる。これは差分に基づいて計算された値であり、地域経済活動から失われた額ということがわかる。

③　影響力・感応度係数の図示

　産業連関表では図示による分析結果の提示手法も多く開発されている。影響力係数と感応度係数はその１つである。影響力係数とはある産業に対する需要が全産業に与える影響の度合いを示す係数で、大きいほど他産業に対する影響力が大きいことになる。一方、感応度係数とは全産業に対する、新たな需要による特定の産業の感応度を示す係数で、大きいほど他産業による感応度が大きい。ここでは「建設」の他、下條村の特徴的産業である「電子部品」について、長野県全体と比較した（**図表 3-6**、**3-7**）。このような図により、特別な知識を持たない者でも、当該地域の産業構造の比較を行うことができる。（武田）

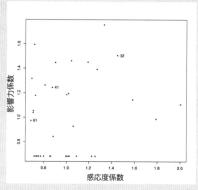 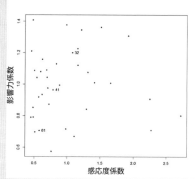

図表 3-6　下條村感応度・影響力係数　　図表 3-7　長野県感応度・影響力係数

## 3-4　プロジェクト評価と分析

　プロジェクト評価とは、プロジェクトを実施する妥当性を検討・判断することである。プロジェクトを実行することによって影響を受ける主体を明確にし、その主体ごとに生じる便益と費用をできるかぎり貨幣価値に換算し、企業（事業者）の立場＝**財務分析**、国民経済的立場＝**費用便益分析**を一般的な判断基

準とする。これにより技術的要素などを加味した総合的判断手法である **F/S：フィージビリティスタディ**を実施し、プロジェクトの実行の妥当性を判定する。

## 1 F/S で使われる分析例：財務分析

プロジェクトでは妥当性の評価を事業の採算性から計算された評価指標によって分析する。その際最も重要視されるのが**財務分析**である。財務分析とは財務諸表などを使って**財務的純現在値**（FNPV）、**財務的内部収益率**（FIRR）などを計算し、プロジェクトの採算性を判断する手法である。

**①損益計算書の計算**

損益計算書の例を**図表 3-8** に示す。損益計算書はある一定のプロジェクトサイクルに関係するフローとしての数値を収入と費用に分けて計算したものである。収入とは営業収入、営業外収入などであり、費用とは経費、変動費、人件費、維持管理費、減価償却費などである。

### 図表 3-8　損益計算書（with/without 比較表）

| 前提条件項目 | 設定値 |
|---|---|
| 建設期間 | 5 |
| 供用期間（プロジェクトライフ） | 30 |
| プロジェクトサイクル | 35 |
| 料金（円／台） | 300 |
| A-B 間交通量（台／日） | 40000 |
| 有料道路への転換率（%） | 50 |
| 一般道による走行時間（時間） | 2 |
| 有料道による走行時間（時間） | 1 |
| 平均乗車人数（人） | 2 |
| 時間価値（円／時・人） | 2000 |
| 建設費（億円） | 300 |
| 管理費（億円／年） | 0.5 |
| 長期借入金・金利（%） | 5 |
| 長期借入金・返済期間（年）但し、建設期間中は金利据え置き、返済なし | 35 |
| 割引率（%） | 6 |
| 税金（%） | 50 |

| | 供用期間（期） | | | | | | | |
|---|---|---|---|---|---|---|---|---|
| | 1 | 2 | 3 | 4 | 5 | 28 | 29 | 30 |
| With | | | | | | | | |
| 交通量（台） | 20000 | 20000 | 20000 | 20000 | 20000 | 20000 | 20000 | 20000 |
| 一般化交通費用（走行費用除く） | 2303 | 2303 | 2303 | 2303 | 2303 | 2303 | 2303 | 2303 |
| 総費用（億円） | 168.119 | 168.119 | 168.119 | 168.119 | 168.119 | 168.119 | 168.119 | 168.119 |
| Without | | | | | | | | |
| 交通量（台） | 40000 | 40000 | 40000 | 40000 | 40000 | 40000 | 40000 | 40000 |
| 一般化交通費用（走行費用除く） | 2004 | 2004 | 2004 | 2004 | 2004 | 2004 | 2004 | 2004 |
| 総費用（億円） | 292.584 | 292.584 | 292.584 | 292.584 | 292.584 | 292.584 | 292.584 | 292.584 |
| 便益（億円） | 124.465 | 124.465 | 124.465 | 124.465 | 124.465 | 124.465 | 124.465 | 124.465 |
| | | | | | | | | |
| 費用（億円） | 10.5 | 10.5 | 10.5 | 10.5 | 10.5 | 10.5 | 10.5 | 10.5 |
| （管理費） | 0.5 | 0.5 | 0.5 | 0.5 | 0.5 | 0.5 | 0.5 | 0.5 |
| （減価償却費） | 10 | 10 | 10 | 10 | 10 | 10 | 10 | 10 |
| | | | | | | | | |
| 便益 - 費用 | 113.965 | 113.965 | 113.965 | 113.965 | 113.965 | 113.965 | 113.965 | 113.965 |

**②財務的純現在値**（FNPV：Financial Net Present Value）

**損益計算書**によって求められた各期の利益を現在の価値に変換（割引）し、プロジェクトサイクルを通じて合計したものである。事業者の得られる利益の総計は次の式 3-2 で表される。

$$FNPV = \sum_{t=0}^{T} \frac{R_t - (CO_t + CR_t + CI_t)}{(1+i)^t}$$ ………式 3-2

$t$：期（通常年）　$R_t$：t 期の収入　$CO_t$：t 期の純支出（営業費＝支出－減価償却費－借入金返済額－支払い金利）　$CR_t$：期の返済額　$CI_t$：t 期の支払い金利　$i$：割引率

### ③財務的内部収益率（FIRR：Financial Internal Rate of Return）

　いくらの金利で借りれば事業の採算性が保たれるか、という指標である。この内部収益率が高いほど、利回りがよく優良な事業である。ここでは建設費に対する内部収益率（ROI：Rate Of Investment）を式 3-3 に示す。

$$FIRR, ROI \rightarrow \sum_{t=0}^{T} \frac{I_t}{(1+i)^t} \left( = \sum_{t=0}^{T} \frac{R_t - CO_t}{(1+i)^t} \right)$$ を満たす $i$ ………式 3-3

$I_t$：t 期の建設額

## 2 | 財務分析例：ラオス国北部小水力発電計画策定調査

　財務分析が F/S で使用された例として、JICA が 2005 年に実施した「ラオス国北部小水力発電計画」を示す。

　この報告書は冒頭に「本報告書は、メインレポートとサマリーレポートの他、小水力発電計画マニュアルと同じく初心者マニュアルで構成されています。〈中略〉特に初心者マニュアルは、ラオス語版となっているばかりでなく、ビジュアル化に務めた結果、入門書として他に類を見ない成果品となっています」とあり、小水力発電に関心を持つもの以外にも、プロジェクトの評価全般に関して理解しやすい平易な記述がなされている [*14]。

　このプロジェクトはラオス国が目指す 2020 年までに全国 90% の世帯で電化を実現させる計画の一部を支えるマスタープラン策定の一環であり、計画全体の組織づくり、能力向上などを目的とした具体的な Pre-F/S（予備的 F/S）の検討を含んだものである。対象地域となったのは、特に開発の遅れた北部地域の未電化村落であり、これらの村を小水力発電技術により電化すること

---

*14　国際協力機構（JICA）「ラオス国北部小水力発電計画策定調査ファイナルレポート」、国際協力機構経済開発部、2005

**図表 3-9　財務分析結果と優先プロジェクトの選定** [*16]

## 20.　経済・財務分析

| 便益の設定 | グリッド型 | オフグリッド型 |
|---|---|---|
| 財務分析 | プロジェクト期間を 30 年とした EDL への売電による収入（売電単価 4.5 ¢/kWh） | プロジェクト期間を 20 年とした住民への売電収入。住民への売電単価及び接続料金は、地区別に社会調査によって算定された 80%の世帯が WTP を持つ価格水準に設定。 |
| 経済分析 | グリッド接続前は輸入電源の代替、グリッド接続後は EDL グリッドにかかる発送電の追加費用代替（長期限界費用） | 社会調査によって算定された電力料金・接続料金に対する平均 WTP。 |

**経済・財務分析結果**

| 項目<br>(セント/kWh) | グリッド型 | | | | | オフグリッド型 | | | | | |
|---|---|---|---|---|---|---|---|---|---|---|---|
| | Nam<br>Boung 2 | Nam<br>Long | Nam<br>Gnone | Nam<br>Ham 2 | Nam<br>Sim | Nam<br>Likna | N. Ou<br>Neua | Nam<br>Chong | Nam<br>Xeng | Nam<br>Xan 3 | Nam<br>Hat 2 |
| 発電単価 | 2.44 | 2.48 | 5.18 | 3.53 | 2.20 | 24.7 | 20.2 | 25.8 | 29.8 | 20.8 | 29.2 |
| FIRR | 21.4% | 18.9% | 5.5% | 11.4% | 22.0% | -8.08 | -6.9% | -10.8% | -11.3% | -7.5% | -12.8% |
| EIRR | 24.9% | 25.4% | 7.9% | 14.9% | 28.1% | 10.54 | 11.8% | 9.4% | 7.2% | 10.8% | 5.5% |

## 21.　代替電源との費用比較

| 項目(単位: セント/kWh) | Nam Likna | Nam Ou Neua | Nam Chong | Nam Xeng | Nam Xan 3 | Nam Hat 2 |
|---|---|---|---|---|---|---|
| オフ・グリッド小水力 | 24.74 | 20.15 | 25.82 | 29.83 | 20.79 | 29.23 |
| ディーゼル発電機 | 35.29 | 41.67 | 40.77 | 37.64 | 35.67 | 39.44 |
| グリッド延伸 | 27.45 | 29.34 | 37.21 | 31.89 | 17.17 | 17.55 |

## 22.　優先プロジェクトの選定

| 優先順位 | グリッド型水力 | オフグリッド型水力 |
|---|---|---|
| 優先プロジェクト | Nam Long (2,500 kW: Luang Namtha 県)<br>Nam Ham 2 (1,000 kW: Bokeo 県) | Nam Ou Neua (260 kW: Sampanh 県)<br>Nam Likna (30 kW: Sampanh 県) |
| 実施候補プロジェクト | Nam Boung 2 (4,000 kW: Phongsaly 県)<br>Nam Sim (8,000 kW: Huaphanh 県) | Nam Chong (50 kW: Bokeo 県)<br>Nam Xeng (110 kW: Luangprabang 県) |
| 対象外プロジェクト | Nam Gnone (600 kW: Bokeo 県) | Nam Xan 3 (80 kW: Xiengkhuang 県)<br>Nam Hat 2 (120 kW: Bokeo 県) |

により、村落の振興、貧困削減にどの程度の成果があるか検証している。

　調査では小水力発電開発計画候補地（62 サイト）を選定し、具体的にプロジェクトの評価として財務分析・経済分析 [*15] により優先プロジェクトの選定までを行っている。

　すべての費用・便益は、2004 年固定価格表示、ドル換算、プロジェクト・ライフは、オフ・グリッド型水力については完成後 20 年、グリッド型水力については完成後 30 年とした。そして財務コストの算定、電力料金の設定と財務便益の算定を経て、**図表 3-9** のような結果を得ている。分析結果の主要指標として FIRR が使用され、プロジェクトの選定に大きな影響を与えている。

---

*15　同「4.7 経済・財務分析」
*16　国際協力機構（JICA）「ラオス国北部小水力発電計画策定調査ファイナルレポート」、国際協力機構経済開発部、2005 より引用。表中の WTP とは willingness to pay: 顧客の支払い意思額（顧客が支払える金額の範囲）のこと。

# 未来への処方箋

## 国際開発の視点

　国際開発の進展には、事業計画を策定するためのデータ分析が不可欠である。データに裏付けされた計画なしには、これまでの実績を評価することは困難であり、貴重な教訓も読み取ることはできない。もちろん将来へ向けた事業投資の妥当性など正確な判断ができるはずがない。

　このように途上国／新興国においてデータ分析の重要性はより高まっているが、データ量は基本的に不足しており、古かったり、精度も信頼性に欠けたりする場合が多い。このため国際開発においては、次の視点を踏まえて適切なデータの収集と分析を図るよう、慎重な配慮が必要となる。

---

▶法制上の統計データの意義と目的の理解

▶データ収集システム構築に対する支援

▶政策立案にかかわる担当者が共有すべきマクロデータの整備

▶政策立案にかかわる担当者の代表的分析手法の理解

▶英文による主要プロジェクト報告書の作成

---

バンコク BTS（Bangkok Mass Transit System）では公共サービス部門に民間の資金や経営ノウハウが導入されている。駅のホームドアにも広告などが積極的に導入されている。

# 地方創生の視点

　少子高齢化の影響から財源や人材の確保が困難になっている地方では、より効果的・効率的なインフラ計画の策定が求められている。このため、予算の効率化が求められる地方自治体ではデータ分析の重要性が以前にも増して高まっている。地方創生に向けてインフラの整備計画を検討する場合に必要な視点は以下のとおり。

> ▶ IT を活用し予算を抑えた自治体データ収集方法の統合化を図る
> ▶ 既存のオープンデータとの連携、活用を図る
> ▶ 大学等と連携しデータ分析を学生の研究対象とする
> ▶ IT 企業を誘致し、地域の活性化を図る

補助金でのコミュニティ活性化事業に対して長野県では、「費用を支出する以上、その効果が定量的に把握できればよい」との意見があった。自然保持や地域コミュニティ力など、これまで定量化することが難しかった指標を計測し、数値化することが、これからの地方創生には欠かせない（福島県平田村で道直しの一環として行われている日本大学工学部学生による道路整備演習）

# 第二部 持続可能なインフラ開発の試み

東京都中央区佃島地区

<table>
<tr><td>第**4**章</td><td># 都市計画・<br>まちづくりインフラ</td></tr>
</table>

途上国からの関心も高い、日本で行われている都市地域整備の研修

**本章の目標**

## 都市計画・まちづくりの事業内容と計画策定方法を理解する

**ターゲット**

- □ 都市・地域とは何かを理解する
- □ 都市計画の基本的な内容を理解する
- □ 都市計画の策定手法と実現化の仕組みを理解する
- □ 住民主体で進めるまちづくりの考え方、活動のあり方を考える

**SDGs**

住み続けられる
まちづくりを

## 4-1　都市計画の内容

　これまで国内の都市・地域計画（**都市計画**）は、主に市町村など地方自治体が策定してきた。近年では、都市や地域の課題も多様化しており、住民をはじめ多くの関係者（ステークホルダー）が関与する住民主体のまちづくり活動が活発化している。一方、途上国では急激な都市化が進行しており、環境劣化など高度成長期の日本が経験してきたような都市問題に直面しつつある。

　都市計画は、私達の生活と環境のあり方を方向付けるものであり、これからのインフラ整備を考えるうえで、最も身近な事項の1つである。

### 1　都市計画の概要

　古代より都市は、人類が農耕・牧畜生活から移行し、商業と手工業の発達を通じ、文明と文化を発展させていく過程で、その集約的成果の拠点として作られ、機能してきた。すなわち、都市は人間社会の定住の一形態として、村落と対をなすかたちで人類がつくり出したものであり、食料生産以外のいわゆる二次・三次の産業と機能に従事する人々が中心となる高密度集住空間である。都市という用語は、国や人により多様な使い方がなされ、その意味する内容や範囲は時代とともに変化しており、基本的に次の3つの概念が含まれるものとしている。

①相当規模の人口が集積し、周辺と区分可能な一定以上の人口密度を有している。

②農業・漁業・林業などの一次産業ではなく、工業・商業などの二次およびサービス業などの三次産業が発達しており、それに従事する人口が多い。

③社会的集団として周辺と区別することができる政治的および行政上の組織を持っている。

　また、日本の都市計画法では**都市計画区域**という用語を定義しており、これを新谷らは、「都市計画区域は市または一定規模以上の町村の中心市街地を含み、自然的条件・社会的条件・人口・土地利用・交通量から見て一体の都

市として整備・開発・保全する必要がある区域を指す」と表現している[*1]。

　このように、都市とは「多数の人口が集中する区域であり、その地方の政治・経済・文化の機能が集中する地域」である。なお、本書で取り扱う都市は、行政界、規模、密度については厳密な区分をしないものとする。

## （1）都市計画の社会的役割

　都市計画の社会的役割は、①地域社会を図化して市民にわかりやすいように都市像を提示する**基本的機能**、②描き出した絵（計画案）実施を遂行するための**立案機能**、③都市の現況と地域社会の構造を示す**情報機能**の3つに大別できる。さらに、これらを総合化し国と自治体行政の政策実現化のための道具としての機能を有している。

## （2）都市施設

　私たちが都市で居住し、学習し、働くためには、共同で利用する道路、公園、上下水道などの施設が不可欠である。都市計画では、将来のまちづくりを考えて、このような都市の骨組みを形づくっている都市施設の位置、規模、構

図表 4-1　都市施設配置計画のイメージ図 [*2]

<hr>

＊1　新谷洋二・髙橋洋二・岸井隆幸『都市計画（四訂版）』コロナ社、2014年
＊2　国土交通省HP

造などを定め、計画的に整備する。また、将来の事業が円滑に実施できるよう、都市計画に定められた施設の区域内では、建築について規制を課している。都市施設には、**図表 4-1** に示すような施設（河川、鉄道、幹線道路、学校、病院、公園等）がある。

## （3）都市計画

　**都市計画法**では、都市計画を「都市の健全な発展と秩序ある整備を図るための土地利用、都市施設の整備及び市街地開発事業に関する計画である」としている。つまり都市を形成するうえで最も重要な整備方針を示す計画のことである。なお、日本では都市計画法の手続きに従い定められた土地利用、都市施設の整備および市街地開発事業に関する計画は、**法定都市計画**と呼ばれ、市街地区域と市街化調整区域の区分を分ける**線引き**など 8 つの計画内容に分類されている。

　このように都市を対象としていかに計画し、適正に様々な都市の要素をコントロールしてまちづくりを行っていくのか、それを示すのが都市計画の役割であり、米国では Urban/City Planning、英国では Town Planning、仏国では Urbanisme と呼ばれている。

　日本の都市計画には大別して次のものがある。

### ①**都市計画区域マスタープラン**

　正式には、「都市計画区域の整備、開発及び保全の方針」という。都市計画区域マスタープランは、人口、人や物の動き、土地の利用のしかた、公共施設の整備などについて将来の見通しや目標を明らかにし、将来のまちをどのようにしていきたいかを定めるものである。具体的には、以下の内容を定める。

- 都市計画の目標
- 区域区分（市街化区域と市街化調整区域との区分）の決定の有無および当該区分を決めるときはその方針
- 土地利用、都市施設の整備及び市街地開発事業に関する主要な都市計画の決定の方針

### ②市町村マスタープラン

　正式には、「市町村の都市計画に関する基本的な方針」という。市町村マスタープランは、住民に最も近い行政機関である市町村[*3]が、創意工夫を加えつつ住民の意見を反映し、まちづくりの具体性ある将来ビジョンを確立し、地区別の将来像として、あるべき「まち」の姿を定めるものである。

　また、市町村マスタープランは、当該市町村を含む都市計画区域マスタープラン、議会の議決を経て定められた当該市町村の建設に関する基本構想に準拠したものとなっている。

### ③都市計画基礎調査

　都市計画を適切に策定し、実現していくためには、都市の現状や変化の様子などについて幅広くデータを集めて、これに基づいて計画を定める必要がある。そのために、おおむね5年ごとに、都市計画区域について、人口、産業、市街地面積、土地利用、交通量などの現況と将来の見通しについての調査を行っている。

図表 4-2　マスタープランの活用イメージ図 [*4]

## 2 全国総合開発計画（全総）

　**全国総合開発計画（全総）**とは、国土総合開発法に基づく国土づくりの指針となる総合的な計画であり、経済企画庁により 1962 年に策定された。当時の

---

＊3　基礎自治体ともいう
＊4　国土交通省 HP

日本は戦後 17 年を経て高度成長経済へと移行時期を迎えていたが、過大都市問題や所得格差の拡大などの問題に直面するようになり、都市の過大化の防止と地域格差の是正、自然資源の有効利用、資本・労働・技術等の諸資源の適切な地域配分といった対策が求められていた。

　そこで池田内閣は**国民所得倍増計画（太平洋ベルト地帯構想）**を打ち立て、全総において「工業の分散を図り、東京等の既成大集積と関連させつつ開発拠点を配置し、交通通信施設により有機的に連絡させ相互に影響させると同時に、周辺地域の特性を生かしながら連鎖反応的に開発を進め、地域間の均衡ある発展を実現する」という**拠点開発方式**を打ち出した。基本目標は、**地域間の均衡ある発展**である。

　全総は、その後約 10 年間隔で現在に至るまで計 5 回策定されている。高度経済成長の 1969 年に策定された 2 次（新全総）では**大規模プロジェクト構想**、安定成長経済時の 1977 年の 3 次（三全総）になると**人間居住の総合的環境の整備**、人口、諸機能の東京一極集中が著しくなってきた 1987 年は多極分散型国土の構築に向けて**交流ネットワーク構想**が打ち出されるなど、時代の変遷に伴い、その目標と開発方式も変化している。

　1998 年国土交通省により策定されたのが、5 次の**21 世紀の国土のグランドデザイン**である。ここでは、まず国土をめぐる諸状況の大転換として、①国民意識の大転換、②地球時代、③人口減少・高齢化時代、④高度情報化社会の 4 つを挙げ、21 世紀の文明にふさわしい国土づくりを進めていくためには、国土構造形成の流れを、太平洋ベルト地帯への一軸集中から東京一極集中へとつながってきたこれまでの方向から明確に転換することが必要であるとした。

　また、国土構造形成の流れを望ましい方向に導くため、複数の国土軸、すなわち西日本国土軸（いわゆる太平洋ベルト）に加え、北東国土軸、日本海国土軸、太平洋新国土軸の 4 つの国土軸が相互に連携することにより形成される多軸型の国土構造を目指している。

## 3 | 国土利用計画

「国土の利用は、国土が現在及び将来における国民のための限られた資源であるとともに、生活及び生産を通ずる諸活動の共通の基盤であることに鑑み、公共の福祉を優先させ、自然環境の保全を図りつつ、地域の自然的、社会的、経済的及び文化的条件に配慮して、健康で文化的な生活環境の確保と国土の均衡ある発展を図ることを基本的理念として行うものとする[*5]」。

**国土利用計画法**は、この基本理念に即し長期にわたって安定した均衡ある国土の利用を確保することを目的として、国、都道府県および市町村の各段階において、国土の利用に関する行政上の指針として法律に基づいて定める計画である。

## 4 | 土地利用基本計画

**土地利用基本計画**は、国土利用の基本理念に基づいて、土地の投機的な取引や地価の高騰が国民の生活に及ぼす弊害を除去し、乱開発を未然に防止し、遊休土地の有効利用を促進して長期にわたって安定した均衡ある国土の利用を図るために、土地取引規制、開発行為の規制、遊休土地に関する措置を総合的、計画的に実施していくものである。

## 4-2 都市計画の策定手法と実現化の仕組み

## 1 | 都市の分析手法

都市計画を策定するためには、まずは対象とする都市の構成、構造を明らかにし、それにより将来の発展パターンを解析により推計していく必要がある。

計画では、対象となる都市の経済的、社会的与件に見合う目標を達成する

---

* 5　国土利用計画法：1974 年 6 月 25 日法律第 92 号

ために実現可能な、また環境の破壊を引き起こさないような土地の利用の区分や都市施設の位置を定めることで、その結果は地図に表現される。

　都市計画の関連情報は、判断を誤ることがないように必要な精度と質が要求される。計画立案のための情報の精度は、真の値からどの程度の差があるかというだけでない。例えば上・下水道施設や電源開発の計画において将来の必要量を決定する際に、予測した需給量と実際の数値が異なった場合は、投資額や整備費用に大きな損失を与える。

　都市計画の主な予測・推計・評価方法としては次のようなものがあるが、いずれかの方法を使えばよいということではなく、それぞれの方法で別々に求めて、その信頼性を検討するなど複数の方法を互換的・補完的に用いることが必要である。

**①類似比較による方法**

　既存の事例など予測・推計・評価する内容と類似の分析結果（数値）が存在すれば、これを適用・検討することで可能となる。

**②原単位による方法**

　類似比較のある分析データを応用する。例えば、人口1万人あたりいくつの施設といった形で表現する。

**③理論・制度による方法**

　関連する諸要素が理論や制度によって規定されているとき、その規定内容を用いて予測・推計・評価を行う。これらの理論は都市計画の対象についての理論もあるが、他の学問領域での成果を都市計画に適用することもある。この場合は使用する概念が、都市計画で対象とする事象と適合しているか注意深く検討する必要がある。

**④理論手法、経験・統計手法による方法**

　計画の方法を数理理論として構築している数理計画法は都市計画でも広く利用されている。精密な計画を策定するため、多くの資料の中から関係や特性を見出すのに、数理統計学の推論、検定、決定評価の方法を利用している（例：費用便益分析）。

**⑤シミュレーション・モデルによる方法**

　船や土木構造物の構造、性能を解析するために、その模型（モデル）を作り、

水に浮かべたり、風洞の実験をしたりすることがある。都市で行われているような社会現象についても、それぞれの関係を数式等で表現し、多数の数式を演算することで、社会現象の変化を示す方法がある。このようなモデルは**シミュレーション・モデル**と呼ばれ、コンピュータの演算プログラムを用いて精緻な予測・再現化が試みられている。

## 2 都市計画を実現化するための仕組み

　都市計画で示された事業や施設建設を実現化するため、都市計画は**土地区画整理事業**や**市街地再開発事業**など様々な整備事業の手法を有している。このうち、地域住民の意見を反映して策定する地区計画と社会実験について説明する。

### （1）住民の意見を反映して策定する地区計画

　**地区計画**は、それぞれの地区の特性に応じて、良好な都市環境の形成を図るために必要な事項を市町村が定める、（都市より面積が小さい概念である）地区レベルの都市計画である。地区計画は、地区の目標、将来像を示す地区計画の方針と、生活道路の配置、建築物の建て方のルールなどを具体的に定め

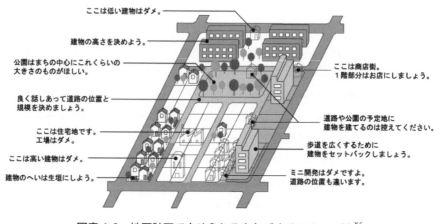

図表 4-3　地区計画で定められるまちづくりのルール例 [*6]

---

る地区整備計画とからなり、住民などの意見を反映して、街並みなどその地区独自のまちづくりのルールを、きめ細かく定めるものである。これにより、景観の優れた良いまちづくりを進めることができる。地区計画で定められるまちづくりの主なルールは次のとおりである。

①地区施設（生活道路、公園、広場、遊歩道など）の配置
②建物の建て方や街並みのルール（用途、容積率、建ぺい率、高さ、敷地規模、セットバック、デザイン、生垣化、壁面の位置の制限など）
③保全すべき樹林地

## （2）社会実験

　**社会実験**とは、新たな施策の展開や円滑な事業執行のため、社会的に大きな影響を与える可能性のある施策の導入に先立ち、市民等の参加のもと、場所や期間を限定して施策を試行・評価するもので、地域が抱える課題の解決に向け、関係者や地域住民が施策を導入するか否かの判断を行うことができる。

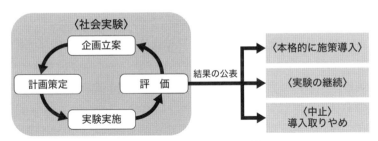

図表 4-4　社会実験の流れ[7]

# 4-3　住民主体のまちづくり

## 1 住民主体によるまちづくりの概要

　**まちづくり**は、「町（街）創り（造り）」から派生したひらがな表記で用いら

れており、住民が主体となって、地域の活性化に取り組む一連の活動のことである[8]。語感の柔らかさも好まれて市役所などの部署や関連施設、大規模な土地区画整理事業や民間事業者が行う宅地開発や高層マンションの建設に用いられるなど幅広く普及している。

　一般的には都市開発、地域振興（再生）、コミュニティ開発の意味として用いられ、西村らは「愛着と誇りを持って暮らせる物的・社会的環境を維持、創造することを目的に、住民が主体、あるいは主体の一部を担い、かかわる主体が責任を担える範囲において行われる、終わりのない永遠の取り組み」と定義している[9]。

## ①まちづくりで取り組む社会課題

　まちづくりの始まるきっかけは、地域が抱える様々な課題の解決に向けた活動が契機となっている。地域の課題は地域特性により異なるが、高齢化や人口減少に起因する商店街の衰退、空き家の発生など市街地の空洞化、バスなど公共交通ネットワークの不備、都市施設の老朽化や環境悪化、子育て支援や高齢者の受け入れ施設、近年激甚化している防災対策など、地域の衰退、活性化が失われたことにより露呈した問題に起因する場合が多い。

　例えば、都心や郊外部ではマンション建設にともなう日照権確保ための反対運動が、地域環境保全・改善に向けたまちづくりにつながる事例も多い。なお、地域の恵まれた自然や特産品を活かして始まる場合もある。

## ②まちづくりの主体

　地域の住民が中心になる場合が多い。まずは一個人の気付きと呼びかけから端を発し、グループ活動から事業規模の拡大に応じて**まちづくり協議会**のように組織化されていく流れが一般的である。そして行政、専門家やNPOなどの**中間支援組織**[10]、民間企業、学校など教育機関および活動を支援する外部機関と連携を図り、多くの関係者を巻き込みながら事業が展開される。

## ③活動形態と合意形成

　まちづくりは、公園や施設建物の改善から身近な環境整備など**ハード面の整備**および組織・制度づくりやサービスの提供となど**ソフト面の整備**の2つの活動形態に大別される。

　まちづくりは基本的に住民主体で進められることから、住民間の**合意形成**

---

＊8　農村部で行われる地域振興活動は、以前はむらおこし（村興し）と呼ばれていたが、近年はまちづくりの用語が用いられている。
＊9　『まちづくり学』朝倉書店、西村幸夫編、2007年
＊10　行政と地域（住民）間で実施される種々の公的活動を支援する組織や団体。公的な機関と純民間のものがある。

が欠かせない。そのためには**ワークショップ**[*11]を通じて課題の共有と参加者メンバーの意見と意志の集約を図る手法が用いられる。簡単には解決できない複雑な課題もあり、住民同士がお互いの立場を尊重し、時間をかけてじっくりと地域と向き合う姿勢も求められる。

## 2 まちづくりの方法

　地域課題を解決するための手段であるまちづくりの対象は、居住環境、商店街、公園緑地、古民家など都市内の特定の施設や場所に加えて、観光、福祉、教育、農業や飲食、美術やデザインなどおおよそ考えられる私たちすべての生産・生活分野にわたっており、裾野が広い。

　従って、それぞれのまちづくりの方法も多種多様であり、定型化した手段や流れはないが、事業化を進める際は、仕組みと仕掛けを組み合わせることが重要だといわれている。

### ①まちづくりの仕組み（法制度や事業の枠組）

　住民主体で行われるまちづくりは、事業規模の拡大にともない技術面と資金面の支援が必要となってくる。このため継続して事業化を推進するために、これらの支援や採算性確保のシステムを機能させていくことが期待される。

　そこで行政は、地域住民の活動支援のために**まちづくり条例**を制定して、地域にふさわしい街並みや景観の形成を誘導したり、市民の事業参加・協働を促したりしている。

　また、市民によるまちづくり協議会に対する助言や専門家派遣などの技術支援を行う**まちづくりセンター**、活動資金の助成を行う**まちづくりファンド**[*12]や横浜市のヨコハマ市民まち普請事業など市民の公募申請事業の取り組みが行われている。公的取り組みが存在することにより、民間事業者との連携や協働が行いやすくなるという利点もある。

### ②仕掛け（仕組が十分に機能・定着するための活動）

　仕組みが恒常的な取り組みであるのに対し、仕掛けはイベントや企画など単発であり、状況に応じて柔軟にアイディアを打ち出すような活動である。まちづくりは大勢の人を巻き込むことも時には重要である。活動を知らなかっ

---

*11　語源は工房、作業場。議題に関連する多様な人が集まり、各自が意見を述べ合い、全体の意見や提案としてまとめる機会。
*12　東京都世田谷区のまちづくりセンターや公益信託世田谷まちづくりファンドなど。

た人に興味を持ってもらったり、参加するきっかけを提供したりすることは、事業を活性化するためにも重要な手段である。

## 3 まちづくりの取り組み課題とコロナ禍の影響

まちづくりは社会に幅広く浸透してきたが、コロナ禍の影響も受けてまちづくりにも変化が起きている。まず人が集まること、一緒に活動することが困難になってきた。このため、多くの活動が停滞したり、公的な支援や助成も停止したりしている。新しいメンバーの獲得にも影響が出るなど、以前のような活動をすることに支障が生じている。

社会が正常に戻れば状況が変わるであろうが、ニューノーマル（新常態）の時代にあっては、まちづくりといえども行動様式を変えざるを得ない。そこで、これまで以上にデジタルやICTを活用したコミュニュケーション手法を取り入れる必要がある。

写真 4-1　尾道で行われている空き家活用活動（通称ガウディハウス）

具体的には、クラウドファンディングを活用した資金源の確保、SNSやオンラインを活用した情報発信や活動支援などがある。現地に頻繁に行けないことはまちづくりにとっては痛手だが、オンラインを通じてこれまでは地域と関係がなかった人や企業も参加が可能となり、参加・協力者の確保や地域ネットワークの構築に苦慮してきた団体にとってはむしろ好機となっている。

まちづくりは、停滞する社会に新しい風を呼び込む狙いもあり、保守的な地域でも新しい事業企画を試みやすい（受け入れやすい）背景がある。関係人口を増やす観点からも地域と

関係が薄かった企業や学生など若い世代との連携を深めるなど、まちづくりも新規参入者と連携した新しいアプローチが期待される。

## 地方創生の切り札？　学生の地域貢献活動

大学は地方創生において、①地域における高等教育機会の提供、②先端技術・学術研究の振興、③地域社会の知的・文化的拠点作りの役割を担ってきた。そのため大学に対する地方の期待は高い。また多くの大学が地域連携を積極的に進めている。地域活性化に資する人材育成を目指し、地方創生の取り組み施策と連動し、

**地域と学生が連携したまちづくり**

教育・研究・政策（事業）面から、①学内や地域の組織・施設、②教育制度、③情報発信の体制整備などが進められている。

日経新聞が 2019 年に実施した大学の地域貢献度調査によると、「地域貢献がテーマにした学部（地方貢献型学部）・学科などがあるか」の問いに対し、471 校中「ある」が 31%、「設置予定」が 2% となっている。地域貢献型学部を有する 145 校のうち、2010 年以降の設置は 87 校となり、創設数も急増している。

では、地域貢献型学部に所属する学生の地方創生やまちづくりへの関心度はどの程度だろうか。筆者の所属する拓殖大学国際学部を主対象に学生の意識調査を試みた（2019 年実施、n=316）。これによると、「まちづくり活動に興味・関心がある」と回答した学生は約半数（53%）、「まちづくりの経験を通して、自分の経験や専門性を高めることができると思うか」に対しては「思う」が 8 割を占め（82%）、「思わない」はわずか 2% であった。大多数の学生はまちづくりへの参加を自分の経験や専門性を高める好機と認識していることがわかった。

国際学部は地域貢献型学部ではないが、地域活性化を図るためのまちづくり活動や地域ボランティア活動に積極的に参加している学生も多い。政府が 2020 年に開始した第 2 期地方創生では、地方と都市間の交流を通じた生活・経済圏の拡大、ICT など情報技術を活用したネットワーク構築を図る「関係人口」に着目した施策を検討する方針が示されている。その観点からも学生の存在や役割はますます重要視されていくであろう。　　　　　　　　　　（徳永）

## 飯田市のリンゴ並木 *13

　飯田市は長野県の南部に位置する。東海道本線豊橋駅から中央本線辰野駅に
通ずる飯田線の中央にあり、リニア中央新幹線飯田駅が開設される予定であ
る。人口は約10万人程度である。

　1947年4月、街の一角から発生した火事は、折からの強風にあおられて市
街地3/4（60万㎡）を焼き尽くす不慮の大火となった。市では、防火都市建
設を目指すことになり、市街地を東西南北に貫く25メートル道路緑地帯が防
火帯として作られた。

　1952年夏のことである。北海道で中学校長の会議が開かれ、飯田東中学校
長松島八郎先生がこの会議に出席するため、北海道へ渡った。校長は札幌の町
を歩いてみて、そこの道路の広く立派なのに驚いて、うっそうと繁っている街
路樹の美しく涼しげなのにも感嘆した。間もなく帰校した校長は、北海道の町
のことを生徒に話して聞かせた。そしてヨーロッパにあるという、りんご並木
のことについても語った。そこでは、落ちた実を気づいた人が傍らの備え付け
の篭に入れて行くのを当然の行いとして実行しているという話にも触れた。

　この話に感動した生徒達は「りんご並木を自分たちで作ろう」と提案した。
校長も喜んで全職員に相談した。誰も反対する者はいない。生徒たちの熱意に
よって市長や助役も協力してくれることになった。しかしこの計画が市民に知
れると、「街の真ん中にりんごの木を植えたって、たちまち実を盗まれるに決
まっているじゃないか」と笑う人もいた。中学生たちは「美しく赤く実った姿
を見れば、誰も手をつけないだろう。いや、誰も手をつけない、そういう都市
をつくりたいものだ」……こうしてりんご並木の計画は進められた。

　生徒たちは一生懸命に掘り続け、40本の若木は約9ｍ間隔で見事に植えら
れたのである。植樹して3年目を迎えた1955年の最初の収穫は、落果や心な
い人たちのいたずらにより、4個だけとなってしまったが、生徒たちは全体の
意志統一を図り、困難に負けず、夢が実るまで頑張り抜くことを誓い、作業に
取り組んだ。

　翌年は、開花、摘花、炎天下の除草など作業が進められ、りんごの木には約
500個の見事なりんごが実った。枯れた木は1本もなく、盗られたりんごは一

*13　飯田市HP

個もなかった。収穫したりんご
は協力や激励して下さった方々
に贈り、大部分は恵まれない施
設の人々に贈った。生徒の手に
よるこのような管理は、広く内
外に影響を与え、りんご並木が
飯田のシンボルとして少しずつ
認知されるようになった。

　しかし当時は高度成長期を迎
えており、飯田でも急速に車が増え並木を駐車場にしようという動きが出た。
もちろん飯田東中の生徒は並木保護を訴え、これを契機に市民の理解を得て並
木は公園化され、地域全体で「並木を守ろう」という意識が定着することにな
る。
　その後は並木を通じて札幌市等と互いに交流を続けたり、まちづくり協議会
などによる「りんご並木フォーラム」が結成されたり、りんご並木を拠点とし
た活動が活発化していく。バザールなどのイベントも定期的に開催され、最近
では再開発事業の効果もあり並木の景観を活かした店舗も増えている。中学生
による美化活動から始まったまちづくりの取り組みであるが、地道な継続によ
り多くの市民の理解と共感は得て、地域の活性化に向けた活動はさらに広がり
を見せている。　　　　　　　　　　　　　　　　　　　　　　　　（徳永）

飯田市のリンゴ並木と飯田東中学校生徒による手入れの様子（飯田市提供）

# 未来への処方箋

 ## 国際開発の視点

　途上国の都市問題は基本的に2つの基本課題で構成されている。すなわち、産業発展による雇用機会の提供、および急激に増加する人口の生存のために不可欠な生活要求（Basic Human Needs）のうち、住居ならびに上下水道・宅地・交通通信施設、教育と医療のための施設など社会基盤施設を遅滞なく供給することである。

　途上国は、雇用にせよ、人間居住条件（Human Settlement）にせよ、現時点において厳しい条件にある上に、今後の人口増加に伴うニーズ総量の増大に対応していかなければならず、先進国と比較しても困難な都市問題を抱えている。急激に進行しつつある都市化に対応するため、途上国を対象として都市計画・まちづくりを進めるために必要な視点は次のとおりである。

途上国の多くの都市では交通渋滞で機能を十分活かしていない（ベトナム、ホーチミン市）

▶都市地域行政を進めるための組織体制作り

▶事業実施を担保し、乱開発を規制する法制度の整備

▶膨張する需要に対応した土地利用計画の策定、交通網（特に公共交通）の整備

▶環境悪化に対する都市施設（水道・衛生・下水道等）の整備

▶GIS など先端技術の導入

▶民間活力（資金）の導入・調達方策の検討

## 地方創生の視点

　地方では雇用が少なく人口の減少に歯止めがかからない状況が続いている。都市計画は、まさしく対象とする都市地域の未来像を描き、その実現に向けて事業化や施設整備を進めていくものである。その観点から、都市計画が地方創生に果たすべき役割は大きい。

　事業化には仕組み（制度）と仕掛け（方法）を組みこんでいく作業が重要だといわれている。地方創生とは単発のイベント企画ではなく、この仕組みと仕掛けを兼ね備えた事業である。地方創生に向けて都市地域計画・まちづくりを進める際に必要な視点は次のとおりである。

> ▶新しい時代や住民参加型のまちづくりに向けた組織・体制作り
> ▶少子高齢化を背景とする新しい課題（空家、空き店舗対策など）への対応
> ▶土地利用の効率化と都市施設の縮小によるコンパクトシティ化
> ▶ GIS、ICT など先端技術を導入したスマートシティの整備
> ▶適切な外国人労働者および民間活力（資金）の導入・調達方策の検討

筆者が学生とまちづくり活動に取り組んでいる山梨県富士川町平林地区は棚田が美しい（富士川町提供）

<table>
<tr><td>第 **5** 章</td><td># 交通・ロジスティクスの<br>インフラ</td></tr>
</table>

ベトナム国ハノイ市郊外のタインチ橋。タインチ橋の建設は、市内の交通渋滞を緩和し物流の効率化を図ることを目的としている（JICA 提供）

## 本章の目標

人や物資の移動・運搬を支える交通・ロジスティクスのインフラを理解する

## ターゲット

☐ 交通・ロジスティクスのインフラ特性を理解する

☐ 道路、港湾、空港など個別交通・ロジスティクスのインフラ概要を理解する

☐ 東アジアの事例より、コンテナ貿易の経済効果を検証する

☐ アフリカ経済回廊の事例より、国境を越える物流の効果を検証する

## SDGs

産業と技術革新の基盤を作ろう

人や国の不平等をなくそう

## 5-1　交通・ロジスティクスのインフラ特性

　私たちの日常生活はきわめて密接に交通に依存している。例えば、職場や学校に通勤・通学する場合も、徒歩圏内より遠くへ移動するのであれば、何らかの交通手段が必要となる。また、自転車、鉄道（公共交通）、自動車など複数の交通手段を有し、相互に補完し合っている。

　**道路**の場合は、街中は市民が歩きやすい街路や歩道が整備され、隣の町を結ぶため幹線道路や地方道、あるいは高規格の高速道路も整備されている。**鉄道**は高速のため長距離輸送も可能であり、毎日何百万人もの通勤客を職場へ運んでいる。仕事や旅行で海外へ行く場合は**飛行機**に乗り、生活物資の多くは**船舶**により運ばれている。特に日本の場合、輸入物資の実に98％（重量ベース）は、**海上輸送**によるものである。

　4大交通手段である①道路、②鉄道、③海運・水運、④空路を**図表5-1**に示す12の要素で比較すると、各交通通形態（モード）の特性が明らかになってくる。これらの要素から交通形態を選択することが重要である。

図表5-1　交通の優位性を比較する要素[1]

| ①速度 | ②直行性 | ③長距離経済性 | ④短距離経済性 |
|---|---|---|---|
| ⑤建設事業費 | ⑥重貨物・大貨物の輸送性 | ⑦旅客大量輸送性 | ⑧路線沿いのアクセスの自由度・乗り継ぎの利便性 |
| ⑨信頼性・定時性 | ⑩安全性 | ⑪変化への適応性 | ⑫環境への影響 |

　一般的に、途上国は交通システムの整備が遅れている。大部分の国民にとり、長距離旅行などする余裕もない。したがって、これらの国の長距離交通は、もっぱら商品や原材料、農作物の輸送運搬に使用されている。途上国の多くは国家収入を第一次産品の輸出に依存しており、非効率で設備が劣悪な交通網が貿易業務における障害の1つになっている。また、輸入品である工業製品、化学薬品、石油等が、港湾施設の不備を理由として運搬、配送が遅れる事態も生じている。

　**鉄道**は、都市部を走る路面電車、新交通システム（LRT）、都市鉄道、地下鉄、モノレールなどの都市部を対象とした鉄道や、都市間、地域間、あるいは国

---

*1　モリッシュ『第三世界の開発問題　改訂版』古今書院、1983年より編集

際間を結ぶ鉄道がある。しかし、途上国では、バスや自動車交通に比較して鉄道利用率は伸び悩みの傾向があり、事業運営そのものが困難となっている場合も多い。

　その理由は、①旅客・貨物ともに道路輸送に依存する割合・量が増えている、②途上国の鉄道は、植民地時代に旅客輸送よりも、農作物や地下資源の搬出のために敷設されたものが多く、大きな港と接続していても、都市間、地域間を結ぶのに効率的な配置になっていない、③鉄道開設には大きな経済負担をともなう、④道路は用地を取得し道路を建設すれば基本的な役割を果たすのに対して、鉄道は車両の購入・整備・修理、運行管理、管理者の雇用・訓練など維持管理の経費が膨大で、かつ経営管理が複雑である。このような理由から、独立後の政府は急増する交通需要に対応して、整備が容易な道路交通を優先的に整備することになった。

　その結果、自家用車が重宝される一方、タクシー、バス、トラック輸送など比較的小規模でも経営が成り立つ輸送業者も増加した。

## 5-2　交通・ロジスティクスのインフラ概要

　交通とは一般に人や資材が人の意思によって場所を移動することをいう。また、情報の移動伝達などいわゆる通信網も含めて交通という場合もある。

### 1 道路

　道路は、陸上交通のために設けられる通路の１つで、網の目状を構成し広く陸上を隅々まで覆っている。日本では、明治に入り急速な鉄道建設によって、陸上輸送の多くは鉄道に移り、道路輸送は駅から先の末端輸送を分担するようになった。しかし、第二次大戦後、経済の復興と自動車の急激な普及によって道路整備が進み、**高速道路**の建設（1963 年名神高速道路の一部開通）などにより、道路の陸上輸送を分担する率は著しく増大した。

　道路交通は、人や貨物を直接戸口から戸口へと輸送することができる。こ

れが他の交通機関より優れている点である。道路は、人や貨物が便利で快適かつ安全に通行できるよう種々の施設を備え、その機能が十分に発揮できるものでなくてはならない（**写真 5-1、5-2**）。

写真 5-1　日本の ODA で整備したカンボジア・つばさ橋

写真 5-2　深刻な交通渋滞（ジャカルタ市）

## 2 鉄道

　日本の鉄道は、1872 年（明治 5 年）、新橋・横浜間に開通以来、陸上交通の主役として目覚しい発達を遂げ、国の経済・文化等の発展に大きな貢献をしてきた。
　その後、自動車、航空機の普及発達により、旅客・貨物の輸送量は影響を受けるが、自動車の増加による交通渋滞や環境対策の側面から、近年はその重要性がより高く認識されるようになってきた。また、**東海道新幹線**の完成を契機とする鉄道の体質改善は、鉄道の陸上交通の機関としての地位を向上させ、さらに**リニア新幹線**などの高速化の取り組みが図られている（**写真 5-3、5-4**）。

写真 5-3　東京駅にて発車を待つ新幹線のぞみ

写真 5-4　日本製の車両を使うパープルライン（バンコク）

# 3 港湾

　港湾は船が外海の波を避けて安全に停泊できる水面を有し、貨物の積み込み、積み卸しや船客が乗降する水陸交通の連絡施設を備えている。港湾はいわば海陸交通の結び目に相当し、産業交通上、欠くことのできない重要な施設である。このため、港湾内は各施設が機能的に配置されている（**写真 5-5**）。

　海洋面の利用には船舶が用いられ、海上輸送の結節点として船舶を停泊する港（港湾施設）が必要となる。日本の場合は、所轄官庁と整備目的によって、港は港湾と漁港に大別される。

　港湾は「物流拠点としての機能を重視して整備された港であり、所轄官庁は国土交通省港湾局」、漁港は「漁業拠点としての機能を重視して整備された港であり、所轄官庁は農林水産省の水産庁（港漁場整備部）」と定義されている。

　港湾は貨物船の種類に応じて**埠頭**（バース）を整備している。埠頭とは、船舶が接岸する岸壁や係留施設、荷役施設などの総称であり、公共埠頭と専用埠頭に大別される。公共埠頭とは、都道府県や市町村など地方公共団体が管理者である。専用埠頭は、主として民間企業が建設して保有・管理している。

　海上輸送において多くを占める、**原油、3大乾貨物**（石炭、鉄鉱石、穀物）および**木材、自動車**については、その風袋[*2]が特殊であるため、専用の船舶と専用の埠頭が必要となる。例えばタンカーは喫水が深く、また輸送物が原油やLNGなど危険性が高く、さらに荷役効率を上げるため、一般港湾から離れた場所に停泊し、貯蔵タンクとパイプラインで連結している。

　その他の荷物に関してはコンテナを使用した輸送が現在の主流となってきている。主要な国際航路では1970年代以降急速にコンテナ化が進み、現在では上記の専用埠頭を必要とする荷物以外の一般貨物はコンテナ船による輸送が主流である。

写真 5-5　日本を代表する港湾の横浜港

---

*2　はかりで物の重さを量るとき、それを入れてある容器・袋・箱など。

　**コンテナ船**とは ISO 国際規格 [3] で定められたコンテナを積載し輸送する船である。コンテナは規格化されているため、トラックや鉄道に乗せ換えることが容易であり、陸海一貫輸送がより簡便に行えると共に、短時間で効率よく荷役を行うことができる。

　コンテナ船は国際物流を支える主要な貨物船となり、年々大型化している。しかし東アジアの港湾は河口に位置しているものが多く、大型化に対応した港湾は限られており、水深を深く取ることが難しく、巨大なコンテナ船が接岸できるようにするには、抜本的な埠頭の改修が必要な港湾も少なくない。

## 4 空港

　空港は、航空機運航の拠点、他の交通機関との接続点として重要な施設である。大型ジェット旅客機、SST（超音速旅客機）の出現は、空港をますます巨大化させ、複雑な機能を必要としてきた。我が国には大都市圏、地方都市に至るまで全国各地に 97 か所の空港があり、地域の経済活動を支えている。

### （1）空港の種類

　日本の空港は、**拠点空港**、**地方管理空港**、**その他の空港**、**共用空港**の4種類に分けられている。拠点空港は空港法により「国際航空輸送網又は国内航空輸送網の拠点となる空港」と定義され、成田国際空港、東京国際空港（羽田空港）、大阪国際空港（伊丹空港）などの比較的大規模な 28 空港が該当する。

　地方管理空港は「国際航空輸送網又は国内航空輸送網を形成する上で重要な役割を果たす空港」と定義されており、地方公共団体が設置し管理する空港である。国内には 54 の地方管理空港が存在し、神戸空港や静岡空港が該当する。これらの拠点空港と地方管理空港が一般的に「空港」と呼ばれるものである（**図表 5-2**）。

　拠点空港と地方管理空港の違いは、空港がカバーする領域である。拠点空港が国内および海外の主要路線をカバーするのに対して、地方管理空港の場合、そのほとんどが生活路線中心となっている [4]。

　その他空港は「拠点空港、地方管理空港及び公共用ヘリポートを除く空港」と定義され、調布飛行場などの 7 か所が該当する。共用空港は「自衛隊の設

---

* 3　世界中の貨物コンテナの約 95% が ISO（国際標準化機構）規格である。長さ 20 または 40 フィートで高さは 8.6 フィートのもの、40 または 45 フィートで高さが 9.6 フィートであるが、主に太平洋航路で使用されている 45 フィートコンテナは、道路交通法の規定で日本では一般公道への直接乗り入れはできない。
* 4　みずほ総合研究所、2013

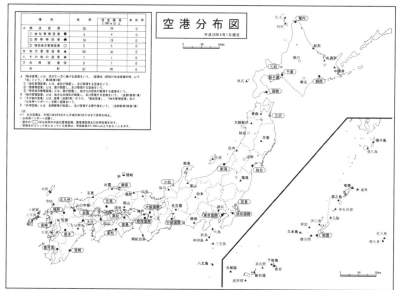

**図表 5-2　空港分布図** [*5]

置する飛行場もしくは在日米軍が使用している飛行場で、民間と共用する空港」と定義され、百里飛行場など8か所が該当する。これらは飛行場と呼称されており、空港との違いは、公共用か否かである。航空輸送や民間航空活動を行う個人・団体が利用できる飛行場が空港となる。

　世界的に見ても日本の空港密度は高く、空港配置はほぼ完了した状態である。そのため、現在は空港整備から空港運営をどうするか、という流れになっている。大まかには、航空の自由化（オープンスカイ）、LCCの台頭が挙げられる。

写真 5-6　拡張された羽田空港国際線ターミナル

　**オープンスカイ**とは、1995年頃にアメリカで提唱された協定で、航空会社が2か国間あるいは地域内の各国において、空港の発着枠、航空路線、便数などを決められる航空協定のことである。自国の空港を広く開放することにより、人やモノの流れを活性化させることを狙った政策である。しか

---

＊5　国土交通省航空局

し一方で、自国の市場を開放することにより航空会社は厳しい国際競争に立ち向かうことになるため、国や地域により自由化の度合いは異なる。

　日本はオープンスカイに慎重な姿勢をとっていたが、2007 年に成長戦略の１つとして**アジア・ゲートウェイ構想**を発表し、**アジア・オープンスカイ**（航空自由化）を最重要課題のトップに掲げ、首都圏空港以外の空港でオープンスカイを実施した。同年、韓国およびタイとオープンスカイ協定を締結し、その後、2010 年に日米間で完全自由化が実施され、2015 年までに 27 か国・地域とオープンスカイを締結するに至っている。

　現在は発着枠が拡大したこともあり、成田空港もオープンスカイの対象空港となっている。オープンスカイは 2 国間の協定であるが、国土交通省はASEAN 経済共同体の発足に伴い、ASEAN10 か国との地域協定の締結に向けて動きを加速している。

## （2）LCC の台頭

　**ローコストキャリア (Low-cost carrier, LCC)** とは、航空輸送の効率化・簡素化により運航費用を低価格化して航空輸送サービスを提供する航空会社である。**格安航空会社**とも呼ばれる。

　LCC での費用削減は、一航空会社の機材を単一化することによる整備費用の減少、比較的簡素なターミナルビルでの運航、手荷物受託・座席指定などの別料金化など、FSA（Full Service Airline）や Legacy Carrier と呼ばれる従来型航空会社で提供されているサービスを提供しない、もしくは必要とする旅客だけに限定して提供することにより、低価格を実現している。

　LCC の台頭は、1970 年代初頭の米国サウスウエスト航空の参入とその後の米国規制緩和が契機となった。サウスウエスト航空の主なコストカットは、①空港使用料が低いセカンダリー空港の利用と、②米国でのハブ空港であるアトランタやダラスを経由せずに、地方空港から地方空港のポイント・トゥ・ポイントで直行するサービスの活用、の 2 点である。

　これにより低コストでの運航を実現させ、急成長した。この動きは欧州に波及し、インターネットの普及とともにチケットのウェブ予約システムが確立し、早期予約による値下げを行う販売システムも実現してさらに低価格化

することとなった。加えて、燃料効率に優位性のある小型機を導入することにより運航コストを削減した。このLCCのビジネスモデルはアジアにも広がり、現在では東・東南アジアでLCCが運航されている。

写真5-7 アジア各国に拠点を持つLCC Air Asia（チェンマイ）

　日本でも主に関西空港と成田空港を拠点としてLCCが普及している。成田空港では2015年4月にLCC専用である第3ターミナルが共用を開始した。ターミナルは徹底したコストカットが反映された設計になっており、航空機への搭乗はボーディングブリッジを使わずに徒歩＋タラップを登るようになっている。

## 5 新交通システム（LRT）

　経済の高度成長や都市の人口集中などによる、旅客や貨物の高速・大量輸送の要望を満たし、用地取得の困難や交通公害の発生を解消するため、従来の交通手段に代わる新しい交通システムが研究開発され、実用化に向かっている。新交通システムは、現在の自動車交通に見られるような個別的交通手段と、バス・電車など乗り合い交通手段の中間に将来の可能性を求めようと意図したものが多い。

　現在、開発・整備が進められているシステムとしては、**連続輸送システム**（動く歩道、コンベア輸送等）、**軌道輸送システム**（高速輸送システム、中量起動輸送システム、トラムカー等）（**写真5-8**）、**無軌道輸送システム**（ディマンドバス、ゾーンバス、ミニバス等）、**複合輸送システム**（デュアルモードバス、コンテナ、ピギーバック、カーフェリー等）がある。

写真5-8 無人運転の横浜シーサイドライン（2000型）

# 東アジアのコンテナ貿易

　世界初のコンテナ船をマルコム・マクリーンが就航させたのは 1956 年であり、その 50 年後には海上運送の主役へと成長した。海陸一貫輸送と港湾における荷役時間の短縮化を実現したコンテナは、海上輸送において 20 世紀最大の物流革命と称される。コンテナの世界標準規格のサイズは、長さ 20 フィート（6 m）と同 40 フィート（12 m）の 2 種類がある。前者の英語表記 Twenty-foot Equivalent Units の頭文字（TEU）に換算して表現し、コンテナ貿易における取扱数量の単位として使用されている。

　このようにコンテナ貿易は、今や私たちの生活を支えるうえで欠かすことができないインフラとなっている。本事例研究では、東アジアにおけるコンテナ貿易と経済発展との影響について検証する。

## （1）東アジアにおけるコンテナ輸送の推移

　東アジア地域において海上コンテナ輸送量が急増したのは 1980 年代以降であり、NIES[*6] 諸国の工業製品輸出の台頭と密接に関係している。**図表 5-3** に示すように、1990 年から 2018 年の約 30 年間で、世界のコンテナ貨物取扱量は実に 4 倍近い伸びをみせた。日本は 1.8 倍の伸びに留まっているが、日本を除いたアジアは 5.8 倍、世界総量におけるシェアは 55.8%と約 6 割を占める勢いである。

### 図表 5-3　港湾におけるコンテナ取扱量の推移 [*7]

|  | 1990 年 | 2009 年 | 2018 年 | 増加率 | 世界シェア |
|---|---|---|---|---|---|
| **全世界** | 20.321 | 45.854 | 79.326 | 3.9 倍 |  |
| **日本** | 1.210 | 1.629 | 2.243 | 1.8 倍 | 2.8% |
| **アジア（日本を除く）** | 7.584 | 21.254 | 44.287 | 5.8 倍 | 55.8% |

　世界の貿易量は、特に 2000 年頃から 2014 年に至る約 15 年間で飛躍的に増大した。経済成長とコンテナ貿易の因果関係の分析は単純ではないが、この期間に焦点を絞り、コンテナ貿易の取扱量の変化から見た東アジアにおける港湾機能の類型化を試みる。

---

\* 6　Newly Industrializing Economies；新興工業経済地域の総称。韓国・台湾・シンガポール・ギリシャ・メキシコなど輸出産業を軸として急速に工業化を遂げ、高い経済成長率を達成している諸国・地域。
\* 7　国土交通省「交通（物流）の利便性向上、円滑化 及び効率化」（2011 年）および同省「世界の国別コンテナ取扱個数ランキング」（2017 年、2018 年）より作成。なお、増加率は 1990 年比 2018 年の数値。

まず**図表 5-4** は、当期間における東アジア諸国のコンテナ取扱量の推移である。中国の取扱量が急激に増大し、13 年間で 3.78 倍に伸びている。中国の取扱量に隠れてグラフ上からは読み取れないが、倍率ではベトナム 5.57、マレーシア 4.49、インド 4.00 と中国を上回っている。一方、他の ASEAN 諸国ではインドネシアが 2.45、タイ 2.31、シンガポール 1.89 となっており、日本は 1.44 となっている。

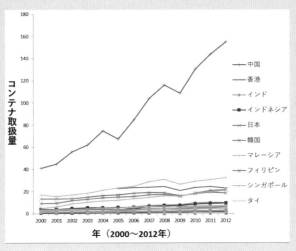

**図表 5-4　東アジア諸国のコンテナ取扱量**

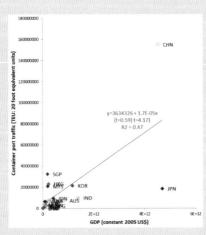

**図表 5-5　GDP とコンテナ取扱量の関係（2013）**

　次にコンテナ取扱量と GDP との関係を**図表 5-5** に示す。決定係数は 0.47 とやや低い水準であり、中国の影響が大きいため中国を抜いて分析すると、次点である日本の取扱量が低いこともあり、今度は決定係数 0.11 とさらに悪化する。

　そこで、各国の時系列変化の軌跡を明らかにするため、日本、中国、韓国、シンガポールを示した**図表 5-6**、および ASEAN4 か国（フィリピン、タイ、インドネシア、マレーシア）とシンガポールを**図表 5-7** に示す。比較を容易とするため両図にシンガポールを含めた。

　まず全体として、各国が示すトレンドがこの 13 年間ほぼ一定であったことがわかる。**図表 5-6** から、日本はすでに高い GDP に達していることを勘案しても、その変化率は非常に低くなっている。それに対してシンガポールはGDP とコンテナ取扱量の関係がきわめて高く、経済における貿易の役割が大きい貿易立国であることが証明される。韓国と中国はその中間に位置する。これによりコンテナ取扱量と GDP の変化率よりグループを①日本型（100 万 $ 当たり変化率 14.41TEU）、②韓国・中国型（同 35.69TEU）、③シンガポール型（同173.95TEU）の 3 つに類型化したうえで ASEAN4 か国の港湾の特性について見てみる。

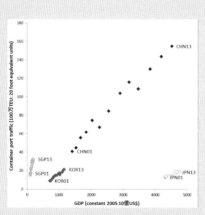

**図表 5-6　GDP-コンテナ取扱量**
（2001 ～ 2013）
日本、中国、韓国、シンガポール

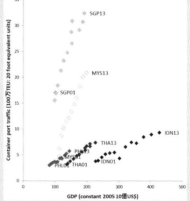

**図表 5-7　GDP-コンテナ取扱量**
（2001 ～ 2013）
ASEAN4 ＋シンガポール

まずマレーシアは、変化率から分析すると 177.05 となり、シンガポールとほぼ同レベルに達していることがわかる。またフィリピンとタイは②の中国・韓国型とほぼ同レベルである。しかしフィリピン 40.74 に比べてタイの 49.78 はやや高い数値を示しており、今後の動きが注目される。それに対してインドネシアの変化率は 28.32 と他の ASEAN 諸国に比べて一段低いレベルに留まっている。港湾施設に対する整備の遅れも主要因の 1 つと推測される。

## （2）グローバルハブ港湾

　1990 年代に入ると ASEAN 諸国の経済発展が顕著となりコンテナ輸送量は急増した。1990 年代半ばには欧州圏を抜き、東アジアは現在世界最大のコンテナ貿易圏となり、シンガポールなどメガハブ港が大躍進を果たすことになる。

　シンガポールと香港は 1990 年代の終わりから首位争いを行ってきたが、2010 年を過ぎると大規模拡張工事進行中の上海に抜かれ、2018 年時点で 2 位シンガポール、3 位寧波（ニンポウ）の順位となっている[8]。その一方、日本は基幹航路ネットワークから外れ、港湾の国際競争力が著しく低下していった。日本の港湾は世界ランキング 20 位から脱落してしまい、なんとか 22 位に名古屋が踏みとどまっている。アジアのハブ港湾では、戦略的に荷揚げ料を安く設定し、365 日 24 時間体制で港湾運営を行っている。日本の港湾は荷揚げ料金が 3 割ほど高く、コンテナターミナルのオープン時間に制約があり、次第に後れを取っていく。

　シンガポールと香港など中国の港の機能的相違点は、シンガポール港がハブ港湾に徹している点である。例えばシンガポールで取り扱うコンテナ貨物の80％以上は中継コンテナとなっており、シンガポール発着のコンテナは 2 割に満たない。そのため、よりスムーズな荷役システムが必要となる。同港を運営するシンガポール港湾局（PSA）が CITOS[9] を導入したのが 1988 年であり、世界でもいち早く港湾業務の IT 化に着手した港湾といえる。

　その後 1989 年には荷役関連の情報交換、港湾関係申請書の提出などをオンライン上で行うコンピューターシステム PORTNET[10] を導入。世界の港湾の中でも先進的な IT 化を図っている。このシステムでは関税のオンライン決済も可能となっており、「顧客の生産性向上とコスト削減につながるよう、サポートサービスに力を入れていく」[11] と運営方針を示している。この他、香港、

---

* 8　国土交通省「世界の港湾取扱貨物量ランキング」2003 年、2018 年
* 9　IT を用いて、ヤード内でのコンテナ取り扱い作業を円滑にするため、コンテナ船接岸後のクレーンの移動、輸送トラックの配置、積み替え船への移動などを中央制御室で集中管理し、オペレーターにリアルタイムで業務指示を出す港湾管理システム。

韓国、台湾などは東アジアにおけるグローバルハブ港湾となっている。

　一方、中国の港湾は、製品輸出の一大拠点となっている。世界の工場と呼ばれて久しい中国の経済済発展に果たす、製品輸出手段としてのコンテナ輸送の役割は**図表5-6**でも明らかである。現在世界一の座にある上海港をはじめとして、ベスト10に6港湾、ベスト20に11港湾が入っている。上海はその中核となる水深15m以上、50埠頭を備えた上海洋山深水港の整備を建設中である。2020年時で第4期工事が進められており、最終的には、コンテナ年間取扱量3,000万TEUと世界一の取扱量を誇る最新式の国際ハブ港湾となる。しかし中国では将来的にそれを上回る取扱量の伸びが予測されており、さらなる拡張が必須の状態である。このため深圳港、広州港でも拡張・整備計画が順次進められている。

　その他、マレーシアのポートケランとタンジュンペラパス、ベトナムのホーチミンなどが東アジアの有力港湾として50位以内にランクインしている。マレーシアは、過去シンガポール港をハブ港湾として利用してきたが、自国港湾の利用促進政策がとられている。

　日本をはじめとした各国がポスト中国を目論んで、東南アジアに生産拠点を移動しつつある。この生産拠点の海外移転には国際水平分業化が同時に進行しており、それにともない産業構造は大きく変化し、地域経済に与える影響度合いにも影響していくであろう。　　　　　　　　　　　　　　　　　（武田）

**写真5-9　コンテナ船とガントリークレーン（レムチャバン港、タイ）**

---

*10　海運業者、PSA、税関など海事関係者全体をネットワークで結ぶ。
*11　「Port&Harbour シンガポール港」国土交通省

事例研究

# 国境を越える物流（アフリカ経済回廊）

　物流効率性と国の経済発展の関係は深い。**図表 5-8** は、世界各国の物流効率性指数：LPI（横軸）と国の国内総生産：GDP（縦軸）を示したものである。この図をみると、両者には正の相関が存在しており、国の経済が発展すると物流の効率性も向上すること（もしくはその逆）がわかる。

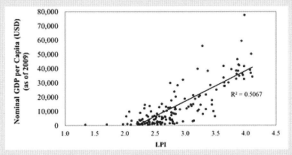

**図表 5-8　物流効率性指数（LPI）と国内総生産（GDP）の関係**

　途上国は LPI と GDP の両指数とも低い状態にある。その中でも、とりわけ内陸国の指数低調傾向が顕著である。日本は海に囲まれているため想像しにくいが、世界には自国内に海へのアクセスが存在しない内陸国と呼ばれる国が数多く存在している。

　このうち経済発展が遅れている内陸国は、内陸途上国（LLDCs）と呼ばれている。LLDCs とは、国土が海から隔絶され、地勢的に開発が不利である。全世界で 32 か国が該当し、輸送費用が大きく、一般的な途上国に比べて特別の開発ニーズを要する。

　**図表 5-9** は世界銀行の "Doing Business" が発表している各国の輸送時間と費用をプロットしたものである。これを見ると、内陸国の方が沿岸国と比較して輸送時間（横軸）、同費用（縦軸）とも負担の大きいことがわかる。

　これは、内陸国から港湾までの距離が長いことと、国境通過の手続きに時間を要することが原因である。さらに途上国では、港湾に向かう道中で警察によるチェックポイント（検問所）や車両の重量を測るウェイブリッジが多数ある

ため、輸送費用が高額になる場合が多い。また、途上国と国境を接している沿岸国も途上国であり、港湾のサービスレベルも低い場合が多く、非常に長い待ち時間を強いられることもある。

　このような状況を改善するため、LLDCs に対して JICA や世界銀行などの国

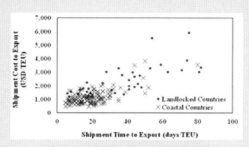

図表 5-9　輸出に要する日数と費用

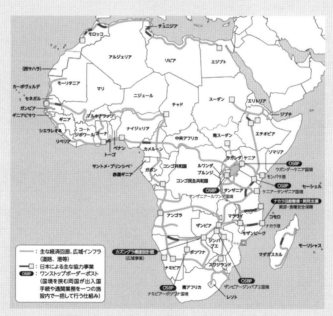

図表 5-10　アフリカにおける主要経済回廊 [*12]

---

*12　外務省資料

際機関による支援が行われている。港湾容量の拡大や国境施設の改善など支援内容は様々であり、LLDCs が港湾にアクセスするための回廊整備の支援も積極的に行われている。

**図表 5-10** は、アフリカにおける主要経済回廊を示したものである。

これによると、北アフリカ内陸国を除いて、どの内陸国にも海に通じる経済回廊が比較的複数存在していることが分かる。例えば南部アフリカに位置するザンビアの場合、海への出口は東側のモザンビークまたはタンザニア（ダルエスサラーム）、南側の南アフリカ（ダーバン）、西側のナミビア（ウォルビスベイ）などがある。このうち、回廊と港湾のサービスレベルが良好な理由から南アフリカのダーバンが選択されることが多く、ザンビアの首都ルサカ～ダーバン間でも複数のルートが存在する。最も一般的なルートはルサカを出発し、チュルンドゥ国境を通過してジンバブエに入国し、ジンバブエの首都ハラレを通過して南アフリカに入国するルートである。

筆者らのインタビュー調査によると、輸送ルートを決定するフォワーダー[*13]はジンバブエの通過を好ましく思っておらず、距離は長くなるが、ボツワナを通過したいと思っているフォワーダーもいるそうである。ボツワナは比較的平坦であり、トラックにかかる負担が低い（ゆえに輸送費用も低くなる）のに加え、政治的腐敗が隣国と比較して低いため、国境通過や道中の賄賂を請求される可能性も低いためである。

**図表 5-11　アフリカ各国の貿易に係わる書類準備時間と通関時間**[*14]

| | 日数 | | 費用（USD/TEU） | | 日数 | | 費用（USD/TEU） | |
|---|---|---|---|---|---|---|---|---|
| | 輸出 | 輸入 | 輸出 | 輸入 | 輸出 | 輸入 | 輸出 | 輸入 |
| アンゴラ | 25 | 25 | 560 | 825 | 5 | 7 | 400 | 400 |
| モザンビーク | 12 | 16 | 230 | 490 | 2 | 2 | 250 | 340 |
| タンザニア | 8 | 13 | 270 | 575 | 4 | 5 | 250 | 250 |
| 南アフリカ | 8 | 7 | 355 | 405 | 2 | 2 | 65 | 125 |
| ナミビア | 5 | 3 | 285 | 200 | 1 | 1 | 65 | 170 |
| マラウィ | 3 | 3 | 340 | 160 | 4 | 3 | 245 | 140 |
| ザンビア | 5 | 6 | 200 | 175 | 7 | 7 | 370 | 380 |
| ボツワナ | 1 | 1 | 180 | 65 | 1 | 1 | 320 | 100 |
| ジンバブエ | 4 | 3 | 170 | 150 | 3 | 10 | 285 | 560 |

*13　自らは輸送手段を持たず、船舶・航空機・トラック・鉄道などを利用し、荷主と直接契約して貨物輸送を行う事業者のこと。
*14　世界銀行 "Doing Business"

　**図表 5-11** の世界銀行の "Doing Business" を見ると、ボツワナは書類準備、通関手続きともに南部アフリカ各国の中では高水準であることがわかる。なお、現地でのフォワーダーなどへのインタビュー調査によると、ナミビアも比較的これらのサービス水準は高いため、今後回廊の状況が良くなれば利用したいとの意向があった。特にナミビアのウォルビスベイ港の評判が良く、回廊状況が改善すれば内陸国の貨物は西側にシフトする可能性もある。ただし、南部アフリカ各国の輸出入相手は中国が多いため、海上輸送距離的に優位性のある東側の港湾が利用される可能性が依然として高い。

　仮にルサカ〜ダーバン発着貨物がボツワナ経由を選択する場合、カズングラ国境を通過する必要がある。カズングラ国境ではザンベジ川がザンビアとボツワナを隔てており、カズングラ国境を通過するためには**写真 5-9** に示す小型のフェリーを使う必要がある。このフェリーを用いれば約 10 分弱で対岸まで到着するものの、フェリーは 3 隻のみで運航されており、積載台数もトラック 2 台が限度のため、待ち時間の時間が非常に長くなるのが問題となっている。

　このようにフェリーの利用が運搬の大きなボトルネックになっており、当時ボツワナ経由でダーバンまで輸送する場合は、一度ジンバブエに入国し、その後ボツワナに入国するルートが取られることが一般的に行われていた。これはカズングラのフェリーを避けるためであり、ボトルネックを解消すると全体の貨物流が変化する可能性があるため、交通インフラ整備は重要であることがわかる。

　これらの課題を解決するため、2020 年 12 月に橋梁が開通した。今後はボツワナ経由でダーバンまで輸送するルートがより活用されるようになるものと想定される。 (川崎)

写真 5-9　ボツワナ国カズングラで運航されているフェリー

## 国際開発の視点

　交通・ロジスティクスのインフラ形成は、いわば国の骨格造りともいえる大事業である。特に幹線道路、高速鉄道、大型の空港や港湾は、人間の体に例えるなら動脈に相当する重要な部分である。

　したがって整備にあたっては綿密な計画を策定し、運用後も社会の需要や期待に応えて規模を拡大・縮小させたり、機能を変化させたりする余裕幅と柔軟性を兼ね備えていることが望ましい。急速な国づくりの速度に応じて、途上国で交通・ロジスティクスのインフラ整備を進めるために必要な視点は次のとおりである。

> ▶全国・地域開発計画と連動した体系的な交通ネットワーク網の構築
> ▶ PFI、PPP など民間活力の導入による安定的な財源の確保
> ▶脱炭素化に向けて環境に配慮したモーダルシフト政策の導入
> ▶ ICT 技術を活用した計画・設計、施工、維持管理の適正化

タンザニアの鉄道駅にて、出発前のひと時

# 地方創生の視点

　大型の交通・ロジスティクスのインフラが主流の国際開発の場合と異なり、地方創生の交通・ロジスティクスのインフラは毛細血管に例えられ、私たちに身近なラストワンマイルのインフラともいえる。

　新しい技術に着目する一方で、老朽化するインフラ施設の維持管理のために住民自らが主体的に担うような市民意識を育んでいく必要もあろう（この活動は市民普請とも称される）。地方創生に向けて交通・ロジスティクスのインフラ整備に必要な視点は次のとおりである。

> ▶多様な手段を組み合わせた公共交通、物流網の再構築
> ▶移動販売車など買い物弱者に対するサービスの提供
> ▶自動運転など新しい技術導入によるスマートシティの整備
> ▶コミュニティ道路など市民による住民参加型のインフラ維持管理活
> 　動の展開

由良川の河口に架かる京都丹後鉄道の由良川橋梁

## 第 6 章

# 防災インフラ

堤防の河川側（河表＝堤外地）に建てられた家で、雨季に浸水している様子。貧しい人々が住居を構えることができるのは、多くはこのような条件が悪い場所である。（ミャンマー）

**本章の目標**

## 自然災害への対応策としてのインフラ整備を理解する

**ターゲット**

- □ 自然災害の誘因と素因を理解する
- □ 防災に向けたインフラ整備のアプローチを理解する
- □ 地球温暖化と豪雨災害の現状を理解する
- □ 豪雨災害と治水対策の事例を通じて、ハード面やソフト面からの防災対策の必要性を考える

**SDGs**

産業と技術革新の基盤を作ろう

気候変動に具体的な対策を

陸の豊かさも守ろう

## 6-1　自然災害の誘因と素因

**自然災害**と聞くと、どのような事象が思い浮かぶだろうか。

おそらく直近に身近で発生した災害や、ニュースで取り上げられるような全国的に大きな被害が出た災害だろう。実体験がある、もしくは報道を通して目にすることが多いと、その災害はさらに強く印象づけられる。

大雨による**土砂災害**（2017 年九州北部豪雨や 2018 年西日本豪雨）、河川堤防の決壊による**洪水災害**（2015 年関東・東北豪雨）、**地震災害**（2011 年東日本大震災、2016 年熊本地震）、**火山災害**（2016 年御嶽山の噴火）など、毎年のように大きな災害が発生している。

日本で発生する自然現象、それによって引き起こされる災害として認識される事象（自然災害）、人間社会が受ける影響（被害）を**図表 6-1** にまとめる。実際に人間社会が受ける影響は、災害の種類によらず個別の自然災害によりまちまちである。

図表 6-1　自然現象、自然災害、人間社会への影響（被害）のまとめ

| 自然現象 | 自然現象が誘因で発生する自然災害 | 人間社会への影響（被害） |
|---|---|---|
| 降雨 | 土砂災害（がけ崩れ、土石流、地すべり）、洪水 | 建物崩壊、道路や鉄道の寸断<br>田畑や家屋、駅などの浸水 |
| 雪 | 雪崩、積雪 | 建物崩壊、道路や鉄道の寸断、交通網の機能不全 |
| 強風 | 高波、高潮、竜巻、塩害 | 家屋等の浸水や崩壊、財産の損傷、農作物の損失 |
| 火山噴火 | 噴石、火砕流、降灰、火山ガス | 建物崩壊、農作物の損失、居住環境の消失<br>航空機運航の遅延 |
| 地震 | 地震動、土砂災害、液状化、津波 | 建物崩壊、道路や鉄道の寸断、財産の流失 |

このように災害は、降雨や積雪、強風などの気象現象、地震、火山噴火という自然現象によって生じている。土砂災害は、もともと急傾斜地などの地

形条件、亀裂を多く含む、風化が進みやすいなどの地質条件にある山間部が、豪雨に見舞われたことや地震の揺れが引き金となり発生する。豪雨という気象現象や地震という自然現象が誘因となり、さらに地形や地質条件という自然の素因が重なり、土砂災害が発生している。

　しかし、その素因の中には、人間の社会経済活動がある。樹木の伐採が斜面の安定性や山林の自然由来の保水能力を減少させ、地すべりや土石流などの土砂災害を引き起こしている。都市部ではアスファルトやコンクリートで地面が覆われることで、降雨による表面流が地下に浸透せず河川に流れこんでしまう。その結果、河川の流量が流下能力を超えてしまい、氾濫を引き起こしている。

　また、私たちは自然の猛威にさらされる可能性があることも認識しつつ、社会経済活動上の利便性を追求し、自然界の中に様々なインフラを構築してきた。土砂災害の可能性のある急傾斜地の山間部で、山林を切り開き道路が建設されている（**写真 6-1**）。洪水や堤防の浸食が想定される河川敷に住居を構えたり（**写真 6-2**）、渡河のために橋が架けられる（**写真 6-3**）。

写真 6-1　がけ崩れ箇所（東ティモール）

　**写真 6-1** は、地方を結ぶ唯一の道路が寸断されかけている。早期に幅員を確保するために石積みが設置されている。写真右下にはがけ崩れ発生前に設置されていたと思われる布団かごの倒壊跡がみられる。技術力や資金の不足から、十分な原因の究明と対策工の検討がなされていない。まずは車が通れる道幅を確保することを優先させ従来工法で復旧をしており、繰り返しがけ崩れが発生する可能性がある。

写真 6-2　河川沿いの民家（東ティモール）

　**写真 6-2** は、乾季に水を確保できるようにと、水へのアクセスが容易な川沿いに家を構え井戸を掘った。しかし雨季に、河川が増水し河岸浸食が進み、敷地が侵されている。

写真 6-3　国道を渡る橋近傍に建設されたコンクリート製の護岸工（東ティモール）

　**写真 6-3** では、コンクリート製の護岸工ができてはいるが、そこから少し離れると**写真 6-2** のように川岸は自然状態のままである。

　インフラが豪雨による土砂災害、地震の揺れ、火山活動による火砕流や火

山灰等により、損傷を受けるまたは破壊されるなどして、人々の日々の営みに著しい不便が生じるとき、また死傷者が出てしまうとき、自然災害を被ったと認識する。例えば、豪雨や大地震があってもその場所に人間活動がなければ、それは自然現象の１つであり自然災害にはならない。山間部でがけ崩れが発生しても、人々が立ち入らない場所であれば災害にはならない。

ところが人間はその文明の発展の中で、河川が氾濫することが経験的にわかっている場所でも、人間活動にとっての利便性や必要性から、農地や住居としての利用、移動手段である交通網の設置など、各種インフラを建設し、整備してきた。このとき、経験や科学技術を駆使し、想定される自然現象が発生しても支障が出ないような措置を、可能な限り施してきた。支障が出ないような、または低減する措置の１つが、**防災インフラ**の建設である。

防災と減災の考え方を整理しておく。自然現象によって、人間社会の日常の営みが影響を受けないようにすることを**防災**、人命を守ることなど優先順位をつけ影響を減らそうとする対策を**減災**とする。ここでは防災というとき、減災の意味も含める。

## 6-2 防災に向けた様々なインフラ整備

### 1 防災インフラ整備のこれまでの効果と今後の課題

日本では防災インフラのおかげで、自然災害による死者・行方不明者の数は減少している（**図表6-2**）。

しかし、周知のように災害はなくならない。自然現象は、現代においてもしばしば人間の想定外の時期または規模で発生し、既存の施設では財産や人命が失われることを防ぎきれていない。

これからの防災インフラの建設や維持に際し留意すべきことの１つに、**地球温暖化**により気象現象が極端化し、かつて経験したことがない猛威をふるっていることが挙げられる。災害から身を守る防災・減災対策としてのインフ

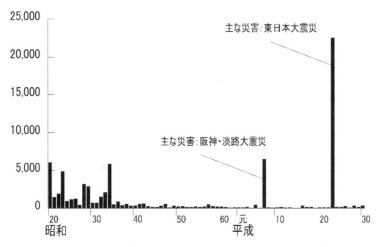

図表 6-2　自然災害における死者・行方不明者数（人）[1]

ラも、地球温暖化により極端化する気象に適応していく必要がある。

　また、火山の噴火、地震の発生はどういう場所でどういうメカニズムで発生するのか、徐々に解明されつつあるが、発生規模や時期を正確に予測できていない。プレートの沈み込みにより発生する**海溝型地震**（南海トラフ地震、マグニチュードが 8 以上の巨大地震）は、100 年から 150 年の周期で発生していることがわかっている。1946 年に昭和南海地震が発生しており、直近の南海トラフ地震と考えられている。周期を考えると、今後発生する確率は高い。いずれ来るであろう**巨大地震**への対応が求められる。

## 2 防災インフラ整備事例

　**図表 6-1** でみたように、自然災害の種類は多岐にわたる。ここでは日本の都市部と地方部、途上国での洪水災害と防災インフラのあり方を検討する。
　洪水対策インフラの説明に際し、河川断面の各所の定義を**図表 6-3** に示す。**堤外地**と**堤内地**、**河表**と**河裏**の用語について正確に理解してほしい。

---

＊1　「令和元年度版防災白書」附属資料データを基に著者作成

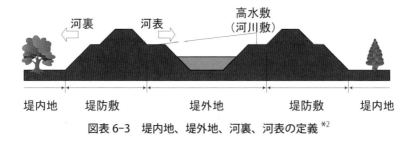

図表 6-3　堤内地、堤外地、河裏、河表の定義 [*2]

# 3 日本の首都圏における防災インフラ

　埼玉県春日部市は、周囲より地盤高が低く水が溜まりやすい。その低地を中川、倉松川、大落古利根川などが流れている（**図表 6-4**）。

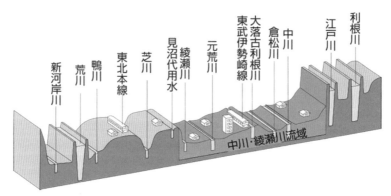

図表 6-4　春日部市の中川流域の流れ直角方向の横断面 [*3]

　春日部市では、局所的豪雨（ゲリラ豪雨）により、**内水氾濫**が頻発していた。豪雨で堤防を越えて川の水があふれる**外水氾濫**に対し、市街地に降った大雨が行き場を失って地表にあふれる洪水被害を内水氾濫という。

　国土交通省関東地方整備局は、大落古利根川、幸松川、倉松川、中川など、中川・綾瀬川流域の中小河川からあふれる水を、立坑から地下に取り込み、地底 50 m、全長 6.3 km の地下トンネルを通して江戸川に流す地下放水路を構築している（**図表 6-5**）。

---

＊2　鈴木猛康編著『防災工学』理工図書、2019 年を参考に作成
＊3　国土交通省関東地方整備局江戸川河川事務所 HP

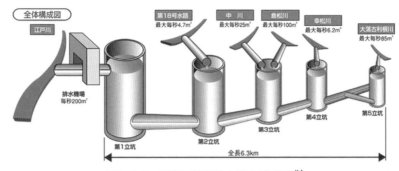

図表 6-5　首都圏外郭放水路の模式図 [4]

　東京都内の中小河川豪雨対策として事業が進む地下調節池は、複数の中小河川からあふれる水を地下構造物にいったん貯めて、中小河川の水位が戻った段階で戻す。これに対し首都圏外郭放水路は、中小河川に雨水を戻すのではなく、大河川である江戸川に流す、新たな地下河川である。

　地下トンネルから流れ込む水の勢いを調整するための**調圧水槽**（**図表 6-5** 中の第 1 立坑、**写真 6-4**）は、長さ 177 m ×幅 78 m の広さがあり、59 本の巨大なコンクリート柱が林立している。洪水防止のみを目的とすることから、通常時は水を取り込まず空堀状態で、人も立ち入れる巨大な地下空間となっている。防災地下神殿ともいわれ、平均して年に 8 回程度水を貯めることがある。

　この放水路の開通により、洪水常襲地帯であった倉松川流域などで洪水が減少している。工事費は約 2,300 億円である [6]。

写真 6-4　調圧水槽（図表 6-5 中第 1 立坑）の様子 [5]

＊ 4　国土交通省関東地方整備局江戸川河川事務所 HP
＊ 5　関東地方整備局 HP（首都圏外郭放水路）
＊ 6　「河 - 2 中川・綾瀬川直轄河川改修事業（首都圏外郭放水路）」、「関東インフラプロジェクト・アーカイブス」 №. 3、平成 28 年 2 月国土交通省関東地方整備局

日本の地方部における防災インフラ

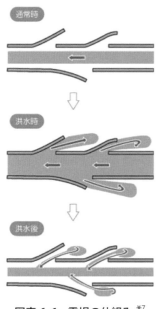

図表 6-6　霞堤の仕組み <sup>*7</sup>

　宮崎県延岡市北川町では、狭い谷底平野を蛇行する北川が大雨時に氾濫し、洪水に見舞われてきた。そのため、北川下流域では<ruby>霞堤<rt>かすみてい</rt></ruby>という治水方式（**図表6-6**）が採用されてきた。霞堤の歴史は古く、戦国時代の武将、武田信玄が考案したといわれる。

　霞堤とは、堤防のある区間に開口部を設け、上流側の堤防と下流側の堤防が、二重になるようにした不連続な堤防のことである。洪水時には開口部から水が逆流して堤内地に湛水し、下流に流れる洪水の流量を減少させる。このとき、堤内地にある田畑が水没してしまうことは許容する。一方、住宅は山裾の高台に建てるか、または水没しないようにかさ上げが行われている。洪水が終わると、堤内地に湛水した水を排水する。急流河川の治水方策としては、合理的な対策といわれている。

　埼玉県春日部市は首都圏に近く交通の要衝であり、自然災害に対し人工的構造物を設置して洪水の発生そのものを抑制し、社会経済活動への影響を最小限にしようとする。一方、宮崎県延岡市北川町では、田畑が広がっており、洪水時にはそこへ誘導して水没は許容するが、住宅財産と人命は守る。このように地域特性に応じた防災インフラが存在する。

途上国地方部における防災インフラ

　ミャンマー連邦共和国の国土の中央を、国際河川のエーヤワディ川が縦断しており、河口付近は広大なデルタ地帯を形成している。大小多くの支流がデル

---

* 7　国土交通省国土技術政策総合研究所 HP

タ地帯を流れており、また運河も整備され、水上交通が都市の発展に寄与してきた。ミャンマーの最大都市ヤンゴンもデルタ地帯に位置する。

　**写真6-5**はヤンゴンから約90kmの地方都市マウビン市における、エーヤワディ川の雨季の様子である。

写真 6-5　エーヤワディ川の雨季

　堤防が設置されていても、堤外地の河川敷には民家が見られる。土地を所有しない人々が、家を構えることができるのがこのような場所である。高床式にし、雨季に上昇してくる水位に対応している。

　**写真6-6**は堤防沿いに設けられた、河川管理者の観測所である。雨季には河川管理の職員がここを拠点とし、堤防の状態や水位を巡回し確認している。堤防沿いにいくつかこのような観測所があり、各地の河川水位の情報がマウビン市の当局に集約されている。洪水の恐れが出てくると、ラジオやSNSで堤外地や堤内地の住民に対して注意喚起が発信される。

　このように盛り土による堤防を設置していても、洪水時の浸食により河道を固定化することができない（**写真6-7**）。堤防を堤内地に平行に設置し、かさ上げすることや、住居を移動させることが検討されている。

写真 6-6　堤防沿いの水位観測小屋と水位計測目盛

写真 6-7　浸食がすすむ堤防、河岸

## 6-3 地球温暖化と豪雨災害

　これからの防災インフラを考えるとき、地球温暖化により極端化する気象現象に適応することを検討する必要がある。気象データから、日本の年平均気温の傾向（**図表6-6**）と1時間降水量が50mm以上（非常に激しい雨）の発生回数（**図表6-7**）を見てみる。これらのデータは気象庁ホームページから得ることができる。

　2019年の日本の平均気温の基準値（1981〜2010年の30年平均値）からの偏差は+0.92℃で、1898年の統計開始以降、最も高い値となった。日本の年平均気温は、様々な変動を繰り返しながら上昇しており、長期的には100年あたり1.24℃の割合で上昇している。特に1990年代以降、高温となる年が頻出している。

　全国の1時間降水量50mm以上の年間発生回数は増加している（統計期間1976〜2019年で10年あたり28.9回の増加）。最近10年間（2008〜2019年）の

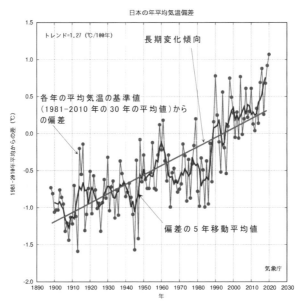

図表6-6　日本の年平均気温偏差 [8]

---

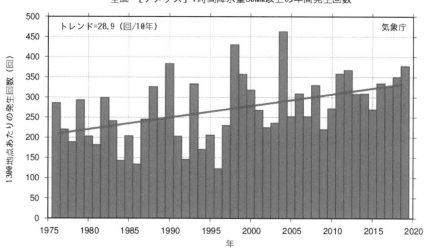

図表 6-7　時間降水量 50㎜ 以上の年間発生回数 [*9]

平均年間発生回数（約 327 回）は、統計期間の最初の 10 年間（1976 ～ 1985 年）の平均年間発生回数（約 226 回）と比べて約 1.4 倍に増加している。

　**豪雨災害**をもたらす気象現象の 1 つに**線状降水帯**と呼ばれる現象がある。

　湿った空気が流れ込み、同じ場所で上昇気流が発生することで積乱雲が次々と発生し移動しながら線状に伸びる。長さ約 100 km の積乱雲のビルが林立するように並んで見えることから、バックビルディング型と呼ばれる線状降水帯が発生する。この線状降水帯の下では、積乱雲によってもたらされる強い雨が同じ場所で降り続き、集中豪雨に至る。2014 年 8 月 19 日夜から 20 日明け方にかけて広島市を襲った豪雨も、20 ～ 50 km の幅を持ち、線状に 50 ～ 200 km の長さに伸びる降水域が数時間停滞し、3 時間で 200 mm を超える大雨をもたらし土砂災害を引き起こした（**図表 6-8**）。

　近年は豪雨をもたらす線状降水帯の発生が、西日本だけでなく東日本や北日本でも見られるようになっている（**図表 6-9**）。地球温暖化の影響である。降水量や豪雨の発生頻度の増加に伴い、河川流量も増加する。増加した河川流量に対してハード、ソフトの両面から洪水を防ぐような一体的なインフラ整備が必要になってくる。

---

＊9　気象庁 HP

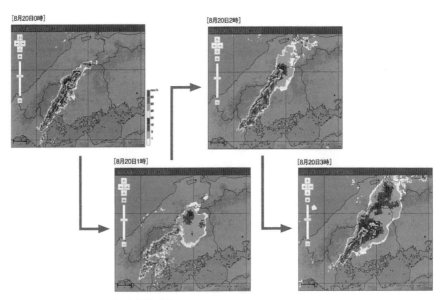

[8月20日0時]

[8月20日2時]

[8月20日1時]

[8月20日3時]

（図:気象庁高解像度降水ナウキャストを基に国土交通省が作成）

図表 6-8　2014 年 8 月広島における豪雨をもたらした線状降水帯 [*10]

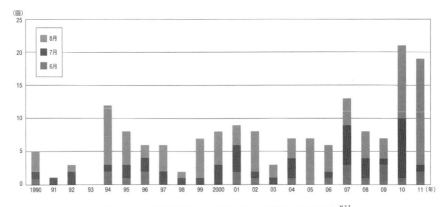

図表 6-9　北海道における線状降水帯の発生回数 [*11]

*10　気象庁 HP
*11　北海道気象技術センター HP より

## 6-4　豪雨災害と洪水対策

　日本では、河川上流域における治水ダム、河川護岸の整備、斜面保護対策工事が進み、その成果として、豪雨災害による死者・行方不明者数は減少している。一方で、その犠牲者数がゼロにならない、という課題がある。また、地球温暖化により発生する極端な気象に対応していく必要がある。

　日本の河川は流域面積が比較的小さく、延長が短く、さらに勾配が急なために、短時間に降雨量が増加すると急激に流量が増えて、降った雨はすぐに海に流出してしまう。梅雨や台風時には河川のピーク流量が大きくなり、普段よりも水かさが増して水位が高くなり、洪水が発生しやすくなる。

　国土の 75％が山地である日本では、人口やその財産の大部分が、海や河川の堆積作用によってつくられた沖積平野や洪積台地に集まっている。沖積平野は氾濫原であり、洪水被害を受ける可能性の高い地域である。また、地盤が安定している洪積台地も、斜面地形を改変して農地や住宅地の拡大が進んでおり、土砂災害が発生する確率が増大している。そこで**洪水対策**として、以下の 3 つの施策が取られている。

### 1　3 つの洪水対策

#### （1）被害度を調整・減少：ソフト対策

　被害度を軽減させるためには、洪水被害を受ける対象物を調整・減少させる必要がある。極端にいえば、洪水被害を受ける可能性のある地域に居住しなければ、被害はゼロになる。しかし、現実にはそうはいかない。

　具体的な対策として、河川氾濫域での土地利用を法律で制限・規制すること、洪水の危険性の高い地域からの住居の移転、警戒避難体制の充実、浸水被害の危険性に関する情報提供（市町村による浸水想定区域を示した**ハザードマップ**の作成や、インターネットでの公開、過去の洪水時の最高水位の表示（**写真 6-8**）や周知活動など）がある。

写真 6-8　過去の台風で到達した水位を示す看板
道路の右側を流れる北川氾濫の記録を残す。このような看板も防災インフラの1つといえる（宮崎県）

　住民自身が市町村とともに水害に対処する**水防活動**（河川の巡視、異常の早期発見と周知、避難の要請や補助など）の充実も、被害度を軽減する重要な方法の1つである。ハザードマップや避難情報へのアクセス方法やその適切な解釈の仕方（適切に避難行動をとる）は防災・減災リテラシーといわれており、これについても住民一人ひとりが身につけることが重要である。

　これからは、ICT など情報技術も活用し、地域コミュニティの防災能力を高めていくことも必要となろう。

## （2）治水容量の増大：ハード対策

　構造物（堤防など）建設に代表される対策である。伝統的に洪水対策の主流であった。堤防を築く、河床を浚渫（しゅんせつ）する、河道を拡げる、放水路を設置する、ダムや遊水池で河川流量を調節する、氾濫原を保全・復元するなどがあり、河道・ダム・遊水池・氾濫原による洪水処理の対応能力を高める。

　**治水容量**を計画する際、過去の最大外力（流量・水位など）が基準となっていたが、その後、どの規模の水害がどの頻度で発生するか、という**確率洪水**が新たな基準として採用されている。近年の治水計画の規模は、この確率洪水をもとにして策定されている。欧米・中国の治水水準を見ると、例えばオランダのライン川は1万年に一度の洪水規模に対応しているほか、イギリスのテムズ川は 1,000 年に一度、フランスのセーヌ川は 100 年に一度、アメリカのミシシッピ川は 500 年に一度の洪水に対応している。一方、日本では一級河川では 30 年に一度の洪水が治水計画上の目標とされることが多いが、そ

の目標値すら 60% 程度しか達成していない。

### （3）総合的な治水対策：ハード対策・ソフト対策の適切な融合

　被害度の調整・減少と治水容量の増大の両者をバランスよく組み合わせたものを**総合的な治水対策**という。総合的な治水対策を進めるには、その河川水系に関わるすべての関係者（中央政府・地方政府（自治体）・NPO・住民・企業など）が一体となって取り組む必要がある。

## 2 　自助・共助・公助

　インフラ整備の結果、洪水被害が少なくなり、人々は多少の雨では河川が氾濫しないだろう、と過信している場合がある。また、国が河川を整備し避難情報などを提供してくれるから、公助に頼っていれば自分の身は大丈夫だろうという意識になりがちである。

　東日本大震災以降、想定外の災害の発生の可能性が再認識された。どのように備えるのがよいか、改めて国民一人ひとりが考えるようになりつつある。災害発生時の対応と復旧の中で、公助のみに頼るのではなく、まず自分の命は自分で守る（**自助**）、次に隣近所と協力して地域の人々を助け、助けられること（**共助**）の重要性が認識されている。

タンザニア国キルワマソコの海岸

# 未来への処方箋

 ## 国際開発の視点

　日本は自然災害の多発国である。地震、津波、豪雨、豪雪、台風、高波・高潮、地すべり、がけ崩れ、土石流、火山噴火など多様な自然事象にさらされている。狭い国土の 25% の平野部に人口や財産が集中するため、自然事象による災害が多く発生してきた。この経験から災害の発生を未然に防止し、被害を軽減する技術が構築され、仕組み（法制度）が整備されてきた。防災先進国ともいえる。

　国際開発では、日本のやり方をとおすだけではなく、現地の社会経済をふまえた適切な災害対策を提案し、定着に向けた協力が必要である。

> ▶日本の防災の歴史の理解と、途上国での適用性の検討
> ▶現地行政の、災害対策能力の向上
> ▶現地の住民組織の防災・減災リテラシーの向上
> ▶事前の備えを日常化する行動変容に向けた、啓発活動
> ▶現地インフラの強靭化の支援
> ▶現地の自然現象の把握と対策提案に向けた学術的な共同アプローチ

洪水時、どのような協力が有効だろうか（東ティモール）

# 地方創生の視点

　地方では予算も限られ、起こりうる自然現象を人間の社会経済活動に全く支障が生じないように抑えこむようなインフラ整備対策をとることは困難である。また、手を付けない自然の景観が、観光資源である場合もある。

> ▶人命は守り、かつ生活や社会経済活動への影響をできるだけ少なくし、自然現象を受け流すような防災・減災対策の検討
> ▶観光資源としての自然景観に配慮した防災・減災対策の活用
> ▶災害時の孤立化を避けるような、災害に強い高規格の代替路の整備
> ▶既存施設の防災拠点としての多機能化
> 　例：「道の駅」や高台にある高速道路のサービスエリアを、避難所など防災基地としての機能も有するように整備（電源や連絡手段の確保、食料備蓄など）
> ▶災害リスクを考慮した土地利用やまちづくり

海の景色を楽しめる道路であるが、山側は斜面崩壊対策のためモルタル吹付の斜面が続く（国道 220 号線、宮崎県日南市）

# 第 **7** 章 産業インフラ

南国に位置する東アジア諸国はエアコン需要などから電力供給の増加が著しい。さらにインターネット網の急速な拡充により、末端を担う電柱電線は文字通り「重い役割」を負わされている（左タイコンケン郊外、右ベトナムハノイ市内）。

（ 本章の目標 ）

## 経済活動の基盤であるエネルギーや通信など産業インフラの機能を理解する

（ ターゲット ）

- □ 産業インフラの種類と現状と課題を理解する
- □ エネルギー、電力、通信の概要と整備の歩みを理解する
- □ 日本の産業インフラの経験を通じた開発途上国への貢献策を理解する
- □ 事例研究を通じて脱炭素化に向けた代替エネルギー開発のあり方を考える

（ SDGs ）

エネルギーをみんなに
そしてクリーンに

産業と技術革新の
基盤を作ろう

住み続けられる
まちづくりを

つくる責任
つかう責任

気候変動に
具体的な対策を

## 7-1　産業インフラの概要

　産業とは、経済および生活に必要な物的財貨およびサービスを生産する活動である。農林漁業、鉱業、製造業、建設業、運輸・通信、商業、金融・保険・不動産業などの総称であり、生活していくための仕事、職業、生業、なりわいである。

　インフラの視点から産業の重要性とその役割について理解するため、本節では①産業インフラの定義と種類、②産業革命が社会に与えた影響、③産業を支える近代技術の現状と課題について解説する。

### 1 産業インフラの定義と種類

　産業インフラの包括する範囲は広い。学校や病院といった公共的な社会インフラと対比し、生産活動に直結するインフラのことであり、経済インフラともいう。なお、本章で取り扱う産業インフラは、他章で取り扱う運輸・交通、農業インフラを除き、エネルギー、電力、通信（ICT、電信電話）の3分野を対象とする。

　産業は技術革新および運用の創意工夫により発達してきた。産業インフラは、広義には生産活動を支えるインフラであり、道路・鉄道・送電網・港湾・ダム・通信施設など産業の基盤となる施設が範囲として含まれる。狭義には、工業や製造業の産業活動に直接関係するインフラである。産業インフラの特徴は次の2点である。
①産業革命に見られるように、社会改革につながる大きな変革を起こす影響力がある。
②主に民間の資金により整備される事業採算性が高いインフラである。

### 2 産業革命が社会に与えた影響

　産業革命とは、18世紀後半にイギリスで発生した技術革新、およびそれに伴う産業上の諸変革である。広義には、19世紀から20世紀初頭にかけてイギリスから他の欧米諸国や日本に波及した、手工業から工場生産に至る一連の変革を指す。資本主義確立期に見られる生産技術、社会構造上の大変革時代であった。

産業革命時代の代表的な産業・技術としては、毛織物工業、労働力（農業革命とも呼ばれ、休耕地をなくした四輪作の導入、囲い込みによる集約的土地利用、中小の農民を自営農から賃金労働者へ転換した）や製鉄技術の改良、蒸気機関に代表される動力源の開発と移動手段の発達が挙げられる。

## 3 産業を支える近代技術の現状と課題

　現代の技術文明は、近代技術から端を発している。近年における社会の急激な変化は近代技術の急速な進展と開発から派生したものであり、変化はこれに留まるものではない。近年話題となっている技術としては、遺伝子組み換え食品、動物や人間のクローンづくり、カーナビゲーション（GPS）、スマートフォン、産業用ロボット、iPS細胞、ドローンなどICT機器、新素材を利用した福祉・介護・医療機器・スポーツウェアなどが列挙される。

　このように技術開発は軍事兵器から民生用、天体宇宙から人体や生命機能に及んでおり、最新・先端技術に関する話題は常に社会を賑わしている。

　研究者、技術者は、基本的に社会に貢献するために技術を開発している。高度化した新しい技術の多くは、人々の健康で安心・安全な生活に役立つものである。しかし他方では、戦争のための軍事技術開発に拍車をかけるものや、人権や健康の重要性を理解せず、技術の輸出・特許（ライセンス）登録を通じて自らの利益を得ることに執着する人も少なからず存在する。

　科学技術は一体誰のものなのか。飛躍的に技術が発達している現代において、私達は技術をどう取り扱っていくのか、その心構えが問われている。

## 7-2　エネルギーおよび電力

## 1 エネルギーの概要

　経済発展の大きな原動力は産業の工業化に他ならない。産業革命以降今日

に至るまで、私達は膨大な化石燃料の燃焼効果からエネルギーを得て、産業を発展させ、暮らしを豊かにしてきた。さらには、化石燃料などのエネルギーを内燃機関としてエンジンを駆動させることにより、様々な交通機関へ応用し、世界の都市間の距離を縮めて活発な貿易を可能にしてきた。

　このように、経済発展の初期段階における軽工業から、大規模プラントによる重工業に至るまで、すべての工業は動力の源としてエネルギーを必要とする。このエネルギーの代表は一次エネルギーと電力[*1]である。そもそも電力も化石燃料から生み出される比率が高い。

　例えばタイやマレーシアの経済成長は、1970年代に発見された豊富な国産天然ガスに支えられた一次エネルギーによるところが大きい。このエネルギー資源に加え、工業団地・港湾建設などの投資により、自動車産業をはじめとする機械産業の進出を促している。

　エネルギー白書によると、世界のエネルギー消費量（一次エネルギー）について「その伸び方には、地域的な差異が存在し、先進国（OECD諸国）では伸び率が低く、途上国（非OECD諸国）では高くなった。これは①先進国では経済成長率、人口増加率とも途上国と比較して低くとどまっていること、②産業構造が変化したこと、③エネルギー消費機器の効率改善等による省エネルギーが進んだことによるもの」[*2]と現代の経済発展とエネルギー消費の関係性について解説している。

　東アジア諸国全体の一次エネルギー消費量は、石油換算で30億トンを超過しており、1970代以降、年平均5%に近い値で上昇し続けている。世界全体での一次エネルギー消費増加率は年平均2%程度であり、アジア地域では世界平均を大きく上回るエネルギー消費増加を継続してきた。

　アジアの一次エネルギー消費増加分は、世界全体でのエネルギー消費増加分の半分を占めるといわれる。エネルギーが産業開発に与える影響と効果については後述する。

## 2 電力の概要

　21世紀に入ってからは、かねてより警鐘が鳴らされていた世界的な資源需

---

* 1　「電力」とは正確には単位時間に電流がする仕事量のことを表し、電圧と電流の積で計算される。単位はW（ワット）を用いる。しかし一般的には、電気の力で働くエネルギーを指しており、本章でも正確な電力量ではなく、単に電力（Electric Power）として用いる。
* 2　「エネルギー白書」2015年版、資源エネルギー庁より引用。

要バランスの逼迫、特に石油資源の枯渇の視点に加え、産油国の政情不安、そして地球温暖化対策として脱炭素化社会への対応などの諸問題も浮上している。エネルギーはもはや当然のようにそこにあり、自由に使える時代ではない。日本は天然資源に乏しく、中でも化石燃料はほとんど海外に依存し、電力源となる一次エネルギーの 80% は輸入に頼っている。

世界に目を転じてみると、世界の電力需要は年率 1.2% 上昇しており、2030 年には 2007 年次と比較して 40% 増加すると推測され、安定的な電力源の確保が極めて重要な課題となっている。

次世代の有力な電力源として目されていた**原子力発電**も、東日本大震災における影響などを理由として、その安全性が先進国などに疑問視され抑制傾向が出ており、日本では廃炉を含め縮小を余儀なくされている。このため新エネルギーと呼ばれる環境の負荷が少ない**再生可能エネルギー / 自然エネルギー**が、環境とエネルギー問題の両方を解決する手段として、政府や地方自治体、企業などに注目を浴びている。

## 3 日本のこれまでの電力に対する取り組みと歴史

日本における電力開発は導入から現在に至るまで、戦時中の一時期を除き民間が中心となって行われた。最初に東京に電灯会社が設立されたのは 1886 年である。その後、公営民営混在して電力開発整備が進められたが、主体は一貫して民間事業者であった。東京電灯株式会社は 1923 年に電力外債として日本で初めて英貨社債 300 万ポンドを発行している。

1930 年代に入り日本の軍国主義が台頭してくると、電力国家管理法が 1938 年に制定され、それまでの民間 5 大電力会社と 400 有余の電気事業者の設備と業務は日本発電および 9 の配電会社に整理され、完全な国家統制の時代に入った。

戦後になり、1951 年の電気事業法の成立にともなって、再び全国は 9 電力会社に分割民営化となった。これにより政府の役割はいわゆる公共の利益を擁護するための規制権限の行使に従事することになった。資金は政府からの低利の借入、債券発行による内外市場からの借り入れ、株式発行などに依存

することになる。近年は規制緩和策によって電力分野への民間参入が促進されており、民営化や市場原理の導入により一層の効率化が期待されている。

　本章では、エネルギー消費とインフラ開発の関係性および今後の経済政策の動向について理解することを目的とし、ASEAN の主要 10 か国（ASEAN10）を対象としてマクロ分析および事例研究を通じてタイを対象とするミクロ分析を行う。これにより、①エネルギーから見る ASEAN10 における経済発展の特徴、およびタイにおける②天然ガスによるエネルギー需要の実態、③将来に向けた代替エネルギー開発の推進方策について考察する。

## 4 マクロ分析による経済発展とエネルギー消費の関係性

　東アジアのうち ASEAN10 の第 1 次エネルギーの各国別消費推移（1971-2010年）を**図表 7-1** に示す。

　国別に見ると、エネルギー需要が大きく増加したのは、中国とインドである。中国は米国に次いで世界でも 2 番目のエネルギー消費国となっている。消費量は 27.2 億トン、ASEAN10 におけるシェアは実に 58.2％に達する。インド、日本、韓国と続き上位 3 か国で、10 か国の消費全体の 84％を占める。タイは 1.1億トンで 5 位、全体的なシェアは 2.5％である。

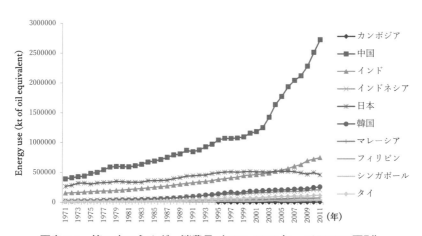

図表 7-1　第 1 次エネルギー消費量（1971-2010 年、ASEAN10 国別）

次に同じく ASEAN10 の１人当たりエネルギー消費量の推移を**図表 7-2** に示す。シンガポールに乱高下は見られるが、日本を除くすべての国は上昇している。特に韓国の 1980 〜 1990 年代に急上昇している [4]。その他の国ではマレーシア、タイ、中国の伸びがやや高く、日本だけが 2000 年をピークに横ばいから微減に転じている。

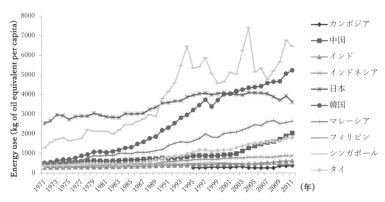

図表 7-2　１人当たりエネルギー消費量（1971-2010 年、ASEAN10）

１人当たり GDP と１人当たりエネルギー消費量の１時点（2010 年）は**図表 7-3**、1970 〜 2012 年の推移は**図表 7-4** である [5]。

経済成長の進展とともにエネルギー消費が伸びているが、その傾向にはいくつかの形態があることがわかる。シンガポールのエネルギー消費量データ

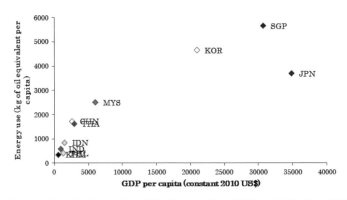

図表 7-3　１人当たり GDP と１人当たりエネルギー消費量（2010 年、ASEAN10）

---

＊ 4　韓国の伸びは同国の経済成長を表していると推測され、GDP とエネルギー消費量の関連性が示されている。
＊ 5　各国の初年度と最終年度のみ右下に示した。

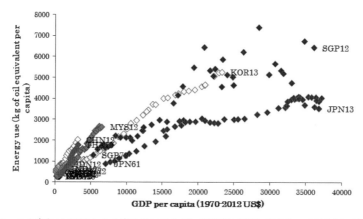

図表 7-4　1 人当たり GDP と 1 人当たりエネルギー消費量の推移（1970 ～ 2012 年、ASEAN10）

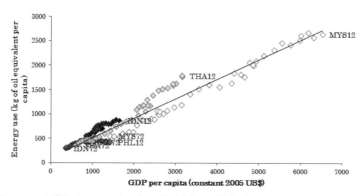

図表 7-5　1 人当たりの GDP とエネルギー消費量の推移（1970 年代 -2012 年、ASEAN4）

におけるばらつきには疑問が残るものの、韓国とシンガポールは類似のトレンドを持っているといえる。中国は低め、日本はその中間となっている。

　相対的に所得水準の低い ASEAN 4（フィリピン、インドネシア、マレーシア、タイ）各国の詳細な状況を示したものが**図表 7-5** である。直線の傾きは 0.4 で、このような時系列データに回帰分析はナンセンスであるが、ある種の弾性値とも受け取れる。この 0.4 という値はほぼマレーシアの傾きであるが、タイは1995 年以降、マレーシアに比べて上昇している。インドネシアにもその傾向が見て取れる。変動の差違をより明らかにするため、タイの GDP 弾性値の推移をマレーシアと比較したものが**図表 7-6** である。

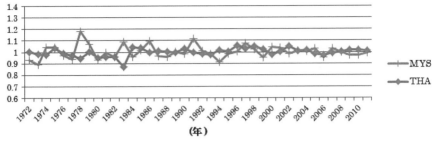

図表 7-6　GDP 弾性値の推移

　1 年毎の計算結果のため乱高下しているが、近年タイの弾性値が 1 を、そしてマレーシアを上回っている。このことからタイの経済成長は、マレーシアなど他の ASEAN 諸国に比べて一次エネルギーへの依存度が高く、近年その傾向が強くなっていることが理解できる。

## 5 新エネルギーの種類と展望

　現在は、さらなるエネルギー源の確保に加え、脱炭素化による地球温暖化対策の観点から、再生可能エネルギーを中心とする新エネルギーの普及が期待されている。
　新エネルギーの範囲は、「技術的に実用化段階に達しつつあるが、経済性の面での制約から普及が十分でないもの。石油代替エネルギーの導入を図るために特に必要なもの」[6] とされている。具体的な新エネルギーの区分は以下の通りである。
①再生可能エネルギー（自然エネルギー）：太陽、風力、地熱、海洋・河川
②リサイクルエネルギー：バイオマス、廃棄物（一般、産業）
③従来型エネルギーの新利用形態：メタンハイドレート、オイルシュールガス、ガス燃料の液化、燃料電池（水素電池）、コージェネレーション、ヒートポンプと蓄熱、新エネルギー自動車（ハイブリッド、電療電池、バイオ他）
　エネルギーを考える上で重要なことは、①十分な量を確保できるか、②経済効率である。新エネルギーに関しては、太陽光発電と風力発電が今後大き

---

*6　科学工業会 SCE・Net 編『図解新エネルギーのすべて』改訂第 3 版、丸善出版、2011 年

120

く伸びると予測されているものの、エネルギー消費における 2018 年の国内構成比は 17% に過ぎず、2030 年の政府策定目標価でも 22 ～ 24% に過ぎない。新エネルギー普及のネックは、従来型のエネルギーに比べて費用が高い点である。このため費用負担を軽減する動きが出ており、継続した高価格での電力買取りなど政策的な支援が必要となっている。

　エネルギーセキュリティの観点から、国家レベルで新エネルギーを論じる場合は、ボトムアップ的なアプローチのみでは全体最適のエネルギーシステムを構築するのは困難である。そこで首尾一貫したエネルギー政策の立案や、中央と地方による役割分担の明確化に取り組む必要がある。

## 7-3　通信（ICT、電信電話）

### 1 通信のあゆみ

　人々が情報や意思を他の人と伝え合うために、郵便や電話、インターネットなどなんらかの道具を利用することを通信という。

　人類が最初に集落を作って生活するようになったころには、のろし（狼煙）や笛・太鼓のような道具を用いて離れた集落へ意思を伝達していた。のろしは集落から集落へ伝えられる情報ネットワークの役割を担っており、いわゆるネットワーク通信の始まりといえる。

　そして有線通信が登場する。最も身近な例は糸電話である。最初の遠距離での有線通信は、モールスである。1876 年にはグラハム・ベルによる電話機が発明されている。また、無線ではフェラデーの電磁誘導の法則から、1888 年にヘルツが電磁波の存在を証明し、1895 年にマルコーニがモールス符号による無線通信に成功している。

　膨大な情報を素早く送信することが求められる現代では、伝達媒体に光信号が使われるようになっている。光通信が安定して送信できるようになったのは、1960 年の米国のセオドア・メイマンによるレーザー、1962 年のアメ

リカ GTE 社による半導体レーザー、1970 年の米国コーニング社による低損失光ファイバーなどの発明や開発によるものである。今日では、インターネットなどのコンピュータによるデータ通信、衛星通信、携帯電話などの移動体通信の普及により、ますます通信の重要性が高まっている。

## ２ 日本における電信電話の取り組みと歴史

　モールスによって電信の公開実験（16km）が行われたのは 1838 年である。日本では 1869 年（明治 2）に東京―横浜間で電信線架設工事が開始された。1881 年までには電信網は全国で 7,250km に達した。明治維新以降の政府が中央集権国家形成のために電信網の整備を優先していたことがうかがえる。また、電話はベルが 1876 年に発明してからわずか 14 年後の 1890 年には、東京と横浜市内および両市間での電話交換業務が官営によって開始された。

　資金調達は、戦前では政府の一般財政支出からの調達が主流であった。したがって、通信部門の投資は不安定な財政事情の影響をまともに受ける結果となり、市場（需要）に対して供給が常に不足する事態が続いた。債券発行による資金調達が可能になったのは、1917 年の電話事業公債法の公布以降である。

　しかしながら 1978 年に至るまでの約 90 年間、供給不足の状態が続いたのである。その原因の 1 つは、官営業の市場に対する鈍感さにあったといえよう。もちろん、明治維新以降、民営化の議論はしばしば登場した。民営化されなかった主な理由は、防衛・官庁・警察など機密保持の観点が強調されたことや民営による地域独占が懸念されたことによる。戦後、公社化されてからは、主に公社債券の発行と政府金融機関からの低利借入金が投入された。そして、1985年電信電話部門の民営化がついに実現された。実に 1 世紀も要したのである。

　その直後、携帯電話が誕生する。携帯電話は、1970 年代後半に登場した自動車電話であるが、機器本体やサービス価格が高く一般には普及しなかった。民営化された NTT から 1985 年に携帯電話（ショルダーフォンという名称でまだまだ機器が大きかった）が登場する。その後携帯電話は、全世界的に端末自体の小型化やサービス・ネットワークシステムが日進月歩で進化した。1990 年代初頭には画面が液晶になり、通信方式がアナログからデジタルに移行しイ

ンターネットへ接続可能となった（インターネットは後述）。今日では、私達の日常のコミュニケーションにとって必需品となっている。

## 3 世界における電信電話

　「開発調査における経済評価手法－電信電話」[7]によると「マクロの需要予測では、一人あたりの GDP のレベルと電話の加入者数からマクロ経済モデルを設定して、回帰分析を行っている。（ITUI モデル）」とし、電気通信の効果と経済開発との関係については高い相関があると指摘している。検証としては1997 年の 127 か国の電話普及率と 1 人当たり GDP の相関関係を示している。

　この関係を固定電話と携帯データに分けて 2015 年で分析した結果を**図表7-7**、**7-8** に示す。固定電話の決定係数は 0.61 である。同様の分析を東アジアで行った場合も決定係数が 0.64 とほぼ同じ傾向を示す。

　しかし携帯電話では両社の間に関係性はみられない。決定係数は 0.14（東アジアでは 0.36）と低く、1 人当たり 2 台以上所持している国が途上国にも多くみられる。

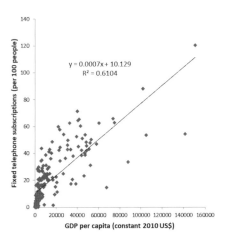 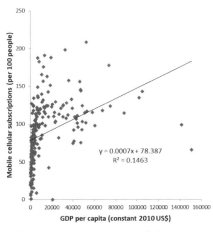

図表 7-7　世界における 1 人当たり GDP と100 人当たり固定契約電話数

図表 7-8　世界における 1 人当たり GDP と100 人当たり携帯電話数

＊7　国際協力事業団社会開発調査部「開発調査における経済評価手法－電信電話」2002 年

# 4 インターネットの時代

　インターネット（internet）とは inter ＋ network を組み合わせた言葉であり、定義上は接続方法としてインターネットプロトコル（Internet Protocol）を利用しているコンピュータネットワークである。多くの「小」ネットワーク（通常は LAN と称する）をつなぎ合わせて「大」ネットワークを構築している。これはインターネットの発想が軍隊の基地間通信網の健全性確保であり、民間利用は 1969 年に登場する ARPANET（アーパネット）により大学・企業の研究所への利用が開始されたことに由来する。ARPANET ではパケットによるシリアル通信も定義された。同時に現在も基幹ネットワークで標準 OS として使われている UNIX がベル研究所（親会社 AT&T）で開発された。なおベル研究所は独占禁止法による規制でハード分野への進出を禁止されたため UNIX は無料で配布され、企業、大学、研究・政府機関に爆発的に普及し、インターネットの普及を後押しした。

　インターネット上を行き交うコンテンツは大容量化の一途をたどり、ブロードバンド環境が必須となった。それとともに携帯とＰＣを併用し、個人がクラウド上においた情報に自由にアクセスし、社会生活のあらゆる場面にネットワークが顕在化し、それらが相互に連携している。10 年ほど前に日本政府が成長戦略の１つとして掲げたユビキタス社会（ユビキタスは「いつでも、至る所にある、偏在する」という意味のラテン語）は現実のものとなり、誰でもいつでもどこでも自由に、情報にアクセスしたり、コミュニュケーションを行ったりする、もっとも重要な社会インフラとなっている。

　インターネットの普及率について、前節と同様に 2015 年における経済発展との関係性を分析する。**図表 7-9** によると世界的な傾向は決定係数 0.60 と固定電話の関係に似ており、ややばらついてはいるが線形関係がある。しかし携帯電話の普及との関連性は携帯の普及が所得水準と無関係であることから、**図表 7-10** に示すように関連性がない [8]。

　日本では 2000 年に従来多数を占めていた固定電話と携帯電話との契約者数が逆転した。この時点での携帯電話はいわゆるガラケーであり、PC と携帯電

---

\* 8　本章では文中および図表中に表記した各種報告書のデータの他に次のデータを使用した。International Energy Agency Statistics/Asian International Input-Output Table, 1975, 1985, 1990, 1995, 2000/I.D.E. Statistical Data Series, Institute of Developing Economies.

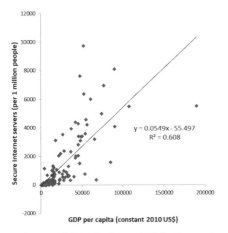

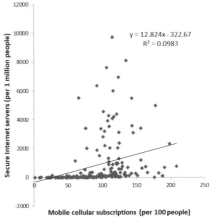

図表 7-9　世界における 1 人当たり GDP と
100 万人当たりインターネット利用者数

図表 7-10　100 人当たり携帯電話数と 100 万
人当たりインターネット利用者数

話は明確に棲み分けられていた。しかし 2008 年に iPhone が発売されると携
帯電話は徐々にスマートフォン（スマホ）へ移行した。スマホは PC に引けを
取らない機能を有し、画面拡大版といえるタブレットに至っては一部の操作
性 PC を凌駕している。この傾向は世界的なものであり、上述した携帯電話と
PC 普及の関係もこの境界があいまいになっていることが一因と考えられる。

　しかしスマートフォンが仮に PC の性能を超えたとしても、ビジネスの中心
となる Microsoft 社の文書作成ソフト Word、表作成ソフト Excel、プレゼン
資料作成の PowerPoint などを扱うユーザーの PC スキルについてはむしろ低
下しているとの報告もある。

　NEC パーソナルコンピュータの調査[9]によると大学生の大半は当該スキル
の必要性を感じているが、PC スキルに自信がないと回答している。さらに、
新卒の採用担当に関わったことのある社会人に「新入社員に PC スキルの不足
を感じるか」と質問したところ、57.2％がイエスと回答した。

　コロナ禍の影響により、これからの教育機関はオンラインを通じた遠隔授
業、企業はリモートワークを余儀なくされ、社会インフラとしてのネットワー
クの拡充がより一層求められよう。これまでは一律 ICT スキルとして漠然と
定義されてきたものが、より実践的な内容へと着実に変化している。

＊ 9　NEC LAVIE 公式サイト、2017 年 2 月 7 日

# タイの代替エネルギー開発の動向

　化石燃料の大量消費による経済発展は、二酸化炭素（$CO_2$）排出量の増加に加え、資源の枯渇化といった問題を抱えており、脱炭素化時代に向けて新たな資源獲得の必要性に迫られている。タイにおける天然ガスの一大産地であるシャム湾の採掘量もすでにピークを過ぎたといわれており、天然ガスの大規模な輸入に備えて同国ではインフラの整備が進められている。

　天然ガスは先進国、途上国を問わず注目を浴びている。その理由は、$CO_2$排出量が他の化石燃料と比較して圧倒的に少ない（発熱量当たり石炭の55％程度）、発電に使用した場合、効率が高いなど「環境にやさしい」点が挙げられる。**図表 7-11** に各発電方式の長所と短所をまとめる。

### 図表 7-11　各発電方式の比較

|  | 石油火力 | ガス（LNG）火力 | 石炭火力 |
|---|---|---|---|
| 長所 | 信頼性が高く、安定した技術である | 石油・石炭に比べ CO2 の排出量が少ない | 石油に比べ埋蔵量が豊富で単価も安い |
| 短所 | 燃料単価が高い、国際情勢により変動 | 燃料単価：石油より安い、石炭より割高。 | 排出ガスや微粒子など環境保全対策 |

　**図表 7-12** に示すのは 1975 年〜 2013 年までの世界の天然ガス消費量の推移である。天然ガス需要は北米と欧州・旧ソ連地域で 70％以上を占めている。要因としては、陸続きの地勢がもたらすパイプラインの存在であり、パイプラインは気体のまま大量に輸送することが可能で、掘削地と消費地を結ぶには非常に効率が良い。

　パイプラインが使えない場合、天然ガスを LNG 化（液化天然ガス）してから船舶にて移動するため、輸送コストがやや割高になる。しかしエネルギー需要の拡大と、環境面の配慮、石油への依存体質の改変などからアジアにおいても需要が年々高まっている。

　一方、その他の地域では、山脈など地勢上、あるいは政策・紛争地などの要因から、必ずしもパイプラインの敷設に適しているとはいえず、同様に天然ガスを LNG 化して船舶で輸出するため、やはり輸送コストは割高になる。

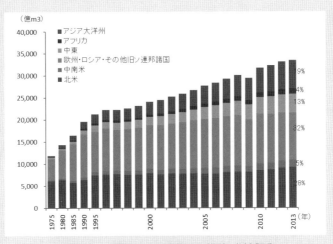

図表 7-12　天然ガスの消費量の推移（地域別）

しかし、東アジアにおいて例外となる国が 2 つある。タイとマレーシアである。ここではタイを中心として分析を進める。

　タイの 1 次エネルギー供給構成は**図表 7-13** に示すとおりである。タイにおける天然ガスが占める比率は、同じく産出国であるマレーシア同様に非常に高い。

表 7-13　タイの 1 次エネルギー供給構成（2013 年）[10]

単位：ktoe（石油換算 1000t のエネルギー量）

| | 生産 | 輸入 | 合計 | |
|---|---|---|---|---|
| | 数量 | 数量 | 数量 | 構成比 |
| 水力 | 24,025 | 0 | 24,025 | 1.1% |
| 石炭 | 93,900 | 216,724 | 310,624 | 14.1% |
| 天然ガス | 729,470 | 182,242 | 911,712 | 41.5% |
| コンデンセート | 83,508 | 0 | 83,508 | 3.8% |
| 原油 | 149,337 | 841,611 | 990,948 | 45.1% |
| 石油製品 | 0 | -146,269 | -146,269 | -6.7% |
| 電気 | 0 | 21,515 | 21,515 | 1.0% |
| 合計 | 1,080,240 | 1,115,823 | 2,196,063 | 100.0% |

*10　浅野義人（ジェトロ・バンコク）「アジア・オセアニア各国の電力事情と政策」JETRO、2015 年

日本のように都市ガス需要がきわめて限定的なアジア諸国では、天然ガスの需要の大半は発電となる。タイについても同様で7割弱が発電用である。最終的に天然ガスはエネルギー自給率の半分以上を担っており、タイのエネルギー安全保障上、重要な存在となっている。

　タイが自国産天然ガスを入手したのは1973年と77年であり、タイのシャム湾沖で天然ガス田が発見された。この時期はオイルショックと重なり非産油国であるタイも大打撃を受けており、エネルギー自給による工業化の進展に期待がかかった。また生産活動のバンコク一極集中を是正し、工業の地方分散を促進するため、首都バンコクの東南80〜200km圏に位置する当該地域への工業立地を目指すことになった。

　そのためシャム湾に面するチャチュンサオ、チョンブリ、ラヨンの3県にまたがる東部臨海地域を工業化の拠点と定め、1981年にはプレーム首相を委員長とする東部臨海開発委員会を発足させた。これはガス田利用により主力輸出商品の一次産品から工業製品への転換を図るものであった。

　この東部臨海開発計画[*11]は、1982年にマスタープランが固まり、タイ初の大型重化学工業地区を目指す、天然ガスパイプラインと隣接するラヨン県のマプタプット地区に工業港が建設された（マプタプット港）。同時に大規模な発電所がシャム湾に建設され、パイプラインでガス田と接続された。その結果タイ東部地域は東南アジア地域の重要な自動車生産の拠点となり、関連部品産業も含めて各進出自動車企業の国内での部品調達率も上昇した。これにより、同地域は「アジアのデトロイト」と呼ばれるようになり、国際的にも一大自動車産業集積地、および一大自動車輸出拠点となり、タイの経済成長に大きく貢献した。

　このようにタイではこれまで天然ガスとそれに支えられた電力に依存した経済発展が進行してきた。現在原油換算385バレル/日レベルであり、ほぼ原油と同じレベルである。産出量は世界的には10位以内であり、東アジアにおいてマレーシアとともに有力な天然ガス産出国である。しかし、その確認埋蔵量によると今後産出量は随時減少していくと考えられる。

　その対策としてタイ石油公社（PTT；Petroleum Authority of Thailand）は隣国マレーシアと共同開発しているガス田やミャンマーガス田からの輸入を増やしているが、これらパイプラインで結ばれているガス田からの供給も減

---

*11　World Bank Report, 2012. Singh, Jas & Mulholland, Caro, World Bank Working Paper, 2004. JICA, 1999を参照。

少に向かうと考えられ、2011年からはLNGの輸入も開始している。PTTによると2015年の需要は2010年比で11%増加しており、その内訳は国内ガス田71%、マレーシア、ミャンマーからのパイプラインでの輸入が20%、LNGが9%となっている[12]。

　しかしタイにおいては今後の経済発展のために、新規の安定したエネルギー資源、なかでも既存発電施設の活用が可能な天然ガスの確保が必要不可欠である。同時に脱炭素化に向けて省エネルギー化、エネルギー転換を迫られている。

　一方、タイはバイオ燃料に関しては先進国である。高温多湿の国土環境も手伝ってサトウキビやキャッサバからバイオエタノールが生産されガソリンに混合されてきた。2012年10月以降、レギュラーガソリン（日本同様オクタン価91）は販売中止となり、レギュラーガソリンは全てE10（バイオエタノール混合比率が10%）となっている。

　このように東アジアにおいては、その経済成長に合わせたエネルギー、特に電力需要が発生し、このため大量の化石燃料を使用した発電所が建設されてきた。気候変動枠組条約（COP）に代表されるように、地球全体での化石燃料燃焼による温暖効果ガス発生をいかに抑えるかが人類共通の課題となる。

　そのためにはまず、世界全体で炭素の排出に法的拘束力を持たせること、さらに途上国においても、これから産業部門のみならず、運輸部門や家庭に対してもそれぞれが省エネルギーではなく、低エネルギーで持続可能な社会を作り上げる必要がある。電力セクターは$CO_2$の主要発生源の1つとなっており、JICAも今後の援助方策においては「低炭素の社会的価値を考慮した上での立案」を掲げている。

（武田）

**長野県営の多目的ダムである高遠ダム**

*12　PTT"Annual Report 2014"Petroleum Authority of Thailand, 2014

# 未来への処方箋

## 国際開発の視点

　日本は西欧諸国とは異なる後発国としての産業インフラ整備の貴重な経験を有している。途上国における現代的課題について、技術の自立過程、法律、組織、制度、規制などの政策、そして、分野別投資配分やインフラ事業マネジメント・システムなどを踏まえ、その国の事情を十分に配慮したうえで発信することは重要な国際貢献であると認識すべきである。

> ▶これからは、インフラの国境を越えた広域的・包括的整備計画の立案や政策、制度、技術移転、人材育成も含めた連携・補完・相乗効果志向型支援が日本のODAにおける大きな使命の1つとなるべきである。
>
> ▶そのためにも過去の（産業）インフラ整備事業をまとめ、アーカイブとして保存することが重要である。土木学会ではわが国の政府開発援助などを通じて整備された途上国のインフラと土木技術ならびに土木技術者が果たした役割や貢献についてインフラ国際協力・国際貢献アーカイブスを構築している。

日本のODAにより整備されたレムチャバン港（タイ）

## 地方創生の視点

　事例研究と関連して、ここではタイの地方開発の視点を整理する。

　バイオガスの実用化に成功したタイ東北部コンケン郊外の SF Khon Kaen Co,Ltd は、大規模な鶏飼育を行っており、そこで発生する鶏糞とネピアグラス（非食用のイネ科の多年草で、タイでは象の飼料として知られている）をバイオエネルギーとして利用することにより廃棄物ゼロの循環型産業を目指している。このような事例には以下のような取り組みが必要である。

> ▶ネピアグラスを利用したバイオガス発電は研究途上であり、採算性は担保できない。国による技術開発と実験的取り組みに対する補助が必要不可欠である。
> ▶エネルギー、農業など多岐にわたる分野であるため、当該学術技術を有する総合大学が中心となった人材の育成が必要となる。
> ▶沿岸部より発展が遅れがちな内陸部における将来有望な代替エネルギー源であり、他の国での転用も考え、国際機関が標準化を図るべき技術である。

コンケン郊外の SF Khon Kaen Co,Ltd のプラント

第**8**章 農業インフラ

パイプ式の灌漑を農業生産量の拡大のために整備（ケニア、ナロック郡のマサイ族の村にて）

本章の目標

# 農業インフラについて理解する

ターゲット

- □ 農業の特性と農業インフラの内容・種類を理解する
- □ 農業・コミュニティインフラの特徴と整備の歴史を理解する
- □ 土地改良事業などの法体系、建設主体や運営主体を理解する
- □ 農業水利施設、農道など農業・コミュニティインフラの具体例を知る

SDGs

飢餓を
ゼロに

陸の豊かさも
守ろう

132

## 8-1　農業インフラの概要

　農業は、私達が生存するための食糧を確保する最も重要な産業である。また、農業は自然や土地などの資源を保全・保護する機能も有しており、国土保全、土地利用の観点から見ても重要な役割を果たしている。

### 1　農業の特性と日本農業の課題

　農業は、工業や商業とは異なる自然的、社会的な独自性を有している。農産物の輸出大国は **FTA**（Free Trade Agreement：自由貿易協定）[*1] における農業交渉などで農業を工業と同レベルの産品として扱うことを主張する一方、それに対して農業を他の産業とは全く異なるものとする見解も存在する。

　産業における農業の自然的な独自性としては次の3点が指摘できる[*2]。
① 植物の光合成を通じたエネルギー生産産業である。
② 土地を主要な生産手段とし、土地生産性（生産量／土地面積）も重視される。
③ 自然の中で営まれ、環境に深く関与する産業である。

　このように、農業の第一の定義としては、光合成による太陽エネルギーの植物エネルギーへの転換を人間が促進する営みであるといえよう。また農業は土地や環境の保全に大きな影響を与えている点が、他産業と特徴が異なっている。日本などの農業が直面している課題は次のとおりである。

**①食料生産性の問題**

　農産物の需要と供給の量に乖離（かいり）があり、それが農作物価格の急騰と下落を招いている。農作物価格の安定化が図られないことから、途上国においては食料（不足）問題が生じている。安全な食料の品質確保や一部先進国の農業関連企業による市場の独占なども食料の安全保障の観点から問題となっている。

**②農業構造問題**

　農家に依存した従来の農業方式とは異なり、新たな農業システムの構築が期待されている。背景としては高齢化による後継者不足、農地の流動化などが要因である。

---

* 1　2か国以上の国・地域が関税、輸入割当など貿易制限的な措置を一定の期間内に撤廃・削減することを定めた協定。関税、非関税障壁をなくすことで締結国・地域の間で自由な貿易を実現し、貿易・投資の拡大を目指す。2国間協定が多いが、北米自由貿易協定等の多国間協定もある。
* 2　田代洋一『新版農業問題』大月書店、2003年

### ③都市と農村の関連性、土地利用の問題

　土地利用の競合や調整に加え、都市や中山間地における農業のあり方など、都市機能と農村の役割を見直す必要が生じている。

### ④農業協同組合（農協）など農業管理組織

　硬直化した旧来の農協の事業見直しによる組織改革や農業管理システムの見直しが求められている。

## 2 日本の農業インフラの現状と課題

　農業の生産性を高めるためには、**農業インフラ**の整備が極めて重要である。
　代表的な農業のインフラである灌漑の普及により、稲作地帯には**用水路**が碁盤の目のように張り巡らされ、河川や湖から個々の水田や畑に大量の水を供給する**灌漑システム**が整備されている。これにより耕地の拡大、収量変動リスクの低下、作付け回数の増加などを通じて農業生産を増大することも可能となる。また地方部では、各農家の田畑まで農道が整備されており、産地と都市部を中心とした消費地に至る効率的な農作物運搬網が構築されている。
　農業インフラの課題としては、まずは施設の老朽化が指摘できる。農業集落排水施設や農道など多くの施設が設置後20年を経て更新時期を迎えており、耐震化への対応も求められている。これまで、農業インフラの整備は基本的には国や自治体による公共事業として整備されたが、一部の維持補修については地域や農家の負担により実施されている。これは農業生産を個人や農業法人が担う農業の性質に起因するものであるが、近年の地域経済の疲弊により、皮肉なことに農業インフラの老朽化を引き起こし、結果として農業基盤の生産性を低下させている。
　次は過度なインフラ整備偏重による弊害である。農業インフラは、農道や用水路による農業生産の促進が本来の整備目的であるが、雇用機会に乏しい農村部では「土木工事を継続的に確保したい」という農業本来の趣旨とは異なる思惑も少なからず存在する。このため、インフラ整備を通じて短期的には一定の経済効果を得ても、中長期的には地域課題の取り組みが遅れる要因となるなど、地域の生産力低下に影響を及ぼしている[3]。
　最後は近年の自然災害多発化の影響を受けて防災・減災への取り組み強化

---

＊3　井熊均・三輪泰史『図解グローバル農業ビジネス─新興国戦略が開く日本農業の可能性』日刊工業新聞社、2011年

が求められていることである。大規模災害の発生リスクの低減を図るためには、防災と併せて災害時の被害を最小化させる減災とのハード・ソフト一体となった総合的な対策が重要となっており、ため池、農業用河川工作物応急対策、用排水施設の整備などが必要である。

## 3 課題解決に向けて

　農業が活力を取り戻すためには、疲弊した農業の構造を改革し、付加価値（**バリューチェーン**[*4]）向上という視点に立ち、焦点を絞ったインフラ投資を行うことが必要である。同様に、農家の所得向上と、高付加価値化による競争力の向上は切り分けて論ずる必要がある。

　今後は、農産物の持つ価値を正しく評価する消費者層に向けてバリューチェーンを構築することにより農業で儲ける仕組みづくりが可能となる。また、現在は斜陽産業と思われている農業であるが、創意工夫がダイレクトに評価される**海外市場**（グローバルマーケット）には、優秀で意欲のある事業者が成功する場がある。国内市場の成長鈍化が明らかになり、あらゆる分野で成長するためにはグローバル化が不可欠になった今こそ、農業も魅力あるグローバルビジネスへと変革する必要がある[*5]。

## 8-2 　農業インフラの特徴

　農業インフラは、**水土の知**の結晶ともいえる[*6]。「水土」とは、食料生産を前提としてみる「〈水〉と〈土〉と〈人〉との複合系」と規定される。水土の〈水〉と〈土〉は自然そのものではなく、人工物（造成された田畑、水路、堤防など）が組み込まれた基礎として形成されている。

　地域には固有の水土が育まれている。これを維持し続けていくためには個別技術のみならず、個人に体得された技能から集団に共有されて定型化したものまで、あるいは社会集団、慣行や儀礼、制度などに至るまでの様々な知が存在している。水土の知とは、こうした水土を巧みに運営していくための

---

*4　バリューチェーンとは、生産から消費までの各段階で、どのように価値が生み出されているかを示す概念である。農作物においても、農作物の生産を起点に、収穫、出荷、加工、流通、販売、調理等のプロセスから成るバリューチェーンがある。
*5　*3と同じ

知の総体を指す。構造物のみならず、それを維持管理する農業コミュニティの役割や取り決めなどをも含んでいる。

　農業インフラは、**土地改良施設**ともいう。耕作に必要不可欠な水を確保するため、収穫した作物を運搬するため、農地を洪水や湛水の被害から守るため、さらには農村の暮らしをよりよくするため、様々な土地改良施設が整備され、生産性向上や快適な農村生活に資する大きな役割を担っている。

　土地改良施設は、食料生産という公益につながるが、直接の受益者が個人である農家に限定されることや、その農家の農業活動に大きく左右されることから、土地改良区における受益者の集まりにより維持管理されていることが多い。その意味で農業インフラのことを**コミュニティインフラ**とも名付けている。

## 8-3　農業インフラの種類

　本書では、農林水産省農村振興局が**農業農村整備事業**として行うインフラを農村インフラ整備の例として取り上げる。農業農村整備事業とは、国民の食料需給の動向に応え、農業と農村の健全な発展と、都市にも開かれた水・土・里豊かな活き活きとした暮らしを創出するため、農業の生産基盤と農村の生活環境の一体的な整備および農地や施設等の保全管理を行うものである。

　主な事業としては、農業用排水、農地、農道、農地の防災保全、農業集落排水設備、中山間地の整備等であり、具体例を用いて整備状況、維持管理に向けた課題について概説する。

　まず、農業インフラ整備の歴史（歴史上、農業実施のために整備されてきた施設）、現代の農業インフラ整備に関する法体系、建設主体や運営主体、土地改良区について説明し、最後に、各農業インフラの事例等を示す。

## 8-4　農業インフラ整備の歴史

　日本では古来より主食である米を確保するために、稲作を中心に農耕技術

---

＊6　『水土を拓く―知の連環』農業農村工学会、2009 年

を発展させてきた。四季があり、春先から夏にかけて雨水を確保し強い日差しのもとで作物を育成させ、冬になる前に収穫し次の収穫までの十分な食料を確保しておく必要があった。水田を維持するには、天水によるだけでなく河川から取水する必要があり、農業用水の確保は農業生産を向上させるためには重要な課題であった。水へのアクセスのためには河川沿いに田畑を耕し、住居を構えることが便利であったが、一方で大雨時に河川が増水するたびに水没するなど、財産や命さえ失う危険にもさらされることになる。

　水へのアクセスを確保し農業生産を盛んにしつつ命や財産を守ることを両立させるために、農業インフラは発展してきたといえる。そのインフラ整備は、単独ではできず集団で行う必要がある。血縁、地縁、信仰グループを、篤農家、資産家、僧侶らが取りまとめ、また政策の一環として行政機関が実施してきた。水の確保は農家各々にとって死活問題であり、流域内で水争いが起こり、時には流血騒ぎや命の奪いあいに発展するほどであった。また、ため池建設の際に水神を鎮める目的で人身御供（ひとみごくう）も行われ、各地で悲話も伝えられている。水利権に関して、土地特有の慣行が根強く行政による制御もままならないことがある。

　戦後になると日本は極度の食糧不足に陥り、国家主導で早急な食糧増産態勢を敷く必要に迫られた。1947年、慣行水利権に捉われない広域にわたる大規模新規開墾計画として**国営農業水利事業**が開始された。これは大河川を水源に利用してダム・ため池や頭首工、用水路などを系統的に建設して新規水利権と農業用水を確保し、これを大規模に整備した水田・畑地などの圃場（ほじょう）に供給することで農業生産力を高め、早期に食糧自給率を回復することを目的とした事業である。事業発足と同時に大井川（静岡県）・九頭竜川（福井県）・野洲川（滋賀県）・加古川（兵庫県）の四河川流域が対象地域に指定され、その根幹事業として水源であるダムが建設された。これが現在の**農林水産省直轄ダム**のはしりであり、野洲川ダム（野洲川）や羽鳥ダム（鶴沼川）などが建設された。同時に新規開墾した農地を水害から守るために**国営農地防災事業**が施行され、治水目的として農地防災ダムが各地で建設された。

　1950年代に入ると人口が爆発的に増加し、さらなる食糧増産態勢が求められた。国営農業水利事業はこの頃より国営土地改良事業または通称「かん排」と呼ばれる**国営かんがい排水事業**に名称が変わっていたが、その目的と重要性

は変わらず、むしろより大規模になっていった。これに該当するものとして愛知用水や篠津地域泥炭地開発事業などが挙げられるが、こうした大規模事業においても直轄ダムは水源としての重要な位置を占めた。この頃建設された大規模直轄ダムとして青山ダム（当別川・北海道）、岩洞ダム（丹藤川・岩手県）、山王海ダム（滝名川・岩手県）、宇連ダム（宇連川・愛知県）、永源寺ダム（愛知川・滋賀県）、北山ダム（嘉瀬川・佐賀県）などがあり、現在もなお重要な役割を担っている。

こうしたダムと連携して愛知用水を始め、豊川用水、明治用水、吉野川北岸用水などの**大規模用水路**も整備され、かつて不毛の地と呼ばれた地域も豊穣な土地へと変化した。ダム建設はコメを筆頭とした食糧増産に寄与したほか、昭和初期まで頻発した凄惨な水争いなどを根絶させた。

## 8-5 農業インフラ整備に関する法体系と管理

土地改良法に基づく国営事業は、国営かんがい排水事業、国営農地再編整備事業、国営総合農地防災事業の3事業となっている。

大規模な農業地域のダム、頭首工、揚水機場、幹線用水路、排水機場、幹線排水路等の基幹施設を国が主体として、基幹施設と連結する末端用排水施設を県が主体で整備を進めてきた。今後は、**ストックマネジメント**（既存施設を有効に活用して長寿命化を図る体系的手法）により、各地域に必要不可欠となっている基幹用排水施設の維持増進を確保していく必要がある。

**農業農村整備事業**は、地元農家の申請と同意を基本とし、地域の合意を得られたものについて国と地方との明確な役割分担の下、効果的かつ円滑に実施されている。以下のような事業がある。

①農業用水を確保するためのダムや堰、水路の建設
②生産性を向上するための水田、畑の整備
③農産物などの輸送を改善するための農道の整備と農村の環境整備など

国営事業で造成された土地改良施設は、そのほとんどを管理委託および譲与しており、大規模でかつ公共性の高い施設について例外的に国が管理している。都道府県事業で造成された土地改良施設については、防災ダム等の特

別な施設は市町村等へ管理委託されているが、そのほとんどは土地改良区等へ譲与している。

　また、団体営造成事業で造成された土地改良施設は、事業主体である土地改良区等が自ら管理している（**図表 8-1**）。

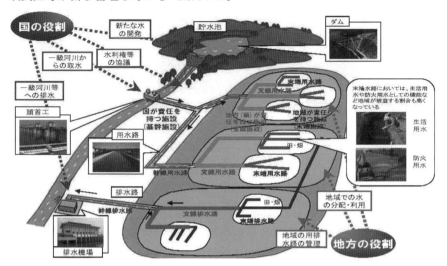

図表 8-1　土地改良事業における国と地方の役割分担のイメージ [*7]

## 8-6　土地改良区

### 1 土地改良区とは

　**土地改良区**とは土地改良法に基づき設立された法人で、わが国の食料生産に欠かせない農地や水路などの整備を行うとともに、それらの施設の維持管理を行い、地域の自然環境を守るなど重要な役割を担う団体である。各施設の裨益者である農家により構成されているコミュニティ組織でもある。

　全国で約 4,900（2011 年農林水産省調べ）の土地改良区が活動しており、その管轄面積は約 266 万 ha である。ちなみに日本の耕地面積は約 442 万 ha（2018

---

*7　農林水産省農業農村振興整備部会企画小委員会報告「土地改良事業における国と地方との適切な役割分担」より抜粋

年農林水産省）である（**写真 8-1** 参照)[8]。

**写真 8-1　土地改良事業を示す看板（左）と事業で整備された水路と畑の様子（長野県
伊那西部地区）**

## 2 水土里ネット

**水土里ネット**とは、全国にある約 4,900 の土地改良区と、全国土地改良事業団体連合会、47 都道府県土地改良事業団体連合会の愛称である。この愛称は、人、物、情報のつながりにより、地域住民や都市住民と連携（ネットワーク）して、美しく豊かな水、土、里を作り出し、21 世紀の新たなふるさとづくりを目指す土地改良区の役割と姿を表現している。ウェブサイトも、各都道府県土地改良事業団体連合会で作られている。

## 3 土地改良区数の減少

土地改良区の数は組織運営の合理化や施設の管理機能の強化のための合併等により、年々減少している。

集落機能の低下や農業従事者の高齢化、農産物価格の低迷による農家所得の減少等社会経済情勢の変化により、土地改良区の中には、管理体制や財政基盤の脆弱化に伴い、その役割や機能を十分に果たせなくなっているものもある。このため、土地改良区の組織運営基盤の強化が図られるよう、土地改良区の統合および合併を推進していくことが必要となっている。

---

\* 8　日本の国土面積は 37 万 7,900 km[2] であり、山地部や国土の約 75% の 28 万 4,500 km[2]、平地部が残り約 25% の 9 万 3,400 km[2]（934 万 ha）となる。

　面積規模別の土地改良区数割合の推移を
みると、100ha未満の土地改良区は減少し、
1,000ha以上の土地改良区の割合が増加し
ており、合併の推進による効果が徐々に現
れている。しかしながら、2011年度におけ
る100ha未満の土地改良区の割合は45%と
なっており、依然として小規模な土地改良
区が多数存立している。

　今後は、さらなる合併の推進等による組
織基盤の強化、施設管理の円滑化や農地利
用集積の推進、技術力の向上等による事業
実施体制の強化等を通じて土地改良区の体
制強化を図ることが重要である（**図表8-2**参
照）。

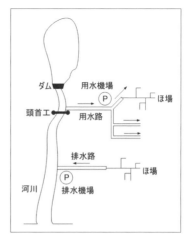

**図表8-2　国かんがい主要施設の構成イメージ**[*9]

---

**8-7** **農業インフラの具体例**

### 1 農業水利施設

　食の安全のためという公共益、国の基盤政策には関連するものの、農業実
施者は個人で民間である。農業用水の有無によって農業に有利、不利が生じる。
水を多く得られる人は富を得ることから、公平性をめぐっての水利闘争が頻
発していた。農業用水は農業を実施する農家が裨益する。したがって、その
建設や維持管理には受益者である農家の賦課金負担が原則となっており、各
地の土地改良区が管理している[*10]。

① **農業用ダム**：農業用水の取水を効率的に行うため河川をせき止め、用水の
　貯水・調節をする施設

② **頭首工**：湖沼、河川などから用水路へ必要な用水を引き入れるための施設

---

* 9　農林水産省資料をもとに作成
*10　詳しくは農林水産省HPを参照

（通常、取水位を調節するための取水堰と、取り入れ口およびその付帯施設から構成される。**写真 8-2**）

③ **用水機場**：圃場内への水の供給のため、流入水を地区内に給水する設備（ポンプ）を有する施設

写真 8-2　頭首工（可動式の取水堰と取水口）

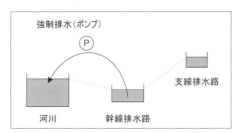

図表 8-3　排水機場の機能 [11]

写真 8-3　用水路の様子（取水口と落下防止柵）

---

*11　農林水産省資料をもとに作成

④ **排水機場**：圃場内の湛水防止のため、流入水を危害なく地区外に排水する設備を有する施設（排水路の水位が河川水位よりも低いときには、ポンプでくみ上げ、強制排水する。**図表 8-3**）

# 2 農道

　**農道**とは、土地改良法に基づく土地改良事業で造成・管理されている幅員 1.8m 以上の道路、および国立研究開発法人森林総合研究所法に基づく農用地総合整備事業、特定中山間保全整備事業、ふるさと農道緊急整備事業により造成された幅員 1.8m 以上の道路をいう。ただし、農道として造成された道路であっても、すでに都道府県道、市町村道に移管されている道路は含まない。

　農道の総延長距離は 17 万 3,367km であり、そのうち舗装済延長距離は 6 万 2,691km（舗装率 36.2%）となっている（2017 年現在）。また、総延長距離を幅員別にみると、幅員 1.8 ～ 4.0 m が 9 万 6,725km、幅員 4.0 m 以上が 7 万 6,642km となっている（**図表 8-4**）。

図表 8-4　管理主体別農道の延長 [*12]

| 幅員 | 1.8 – 4.0 m 未満 | 4.0 m 以上 | 合計 |
|---|---|---|---|
| 都道府県 (km) | 4 | 55 | 59 |
| 市町村 (km) | 62,112 | 52,627 | 114,739 |
| 土地改良区等 (km) | 34,609 | 23,960 | 58,569 |

写真 8-4　土地改良区が管理する農道

*12　2017 年度農道整備状況調査（農林水産省）

# ケニア国における農家グループによる農道整備

　ケニアでは園芸農業が盛んで、ヨーロッパや中東へも輸出されるほどである。果実や野菜などの園芸作物は、とうもろこしなどの主食となる作物とは異なり換金作物であり、市場でよりよい値段で売れることが、生産農家にとっては重要である。

　これらの特徴から、園芸作物生産農家をグループ化し、各グループが作物品質の向上、販路の確保、有利な価格での作物販売が可能となるように支援する農業普及政策がとられている。ここで、市場へのアクセス、同時に農家の畑にたどりつく農道の通行性の維持が重要となる。農道の一部分が泥田状態で車両の通行が困難であると（**写真 8-5**）、買い手が作物を収集に来ず鮮度が落ちて売り物にならず廃棄されてしまう（**写真 8-6**）。また収集されたとしても、悪路のために高い運賃を農家が負担しなければいけない。

写真 8-5　農道の通行困難箇所　　　　　写真 8-6　道路脇に放置された作物

　予算不足の行政が畑に至るすべての小規模な農道の整備を行うことは困難で、農家グループ自身で農道を補修することが 1 つの解決策と考えられる。道路技術者でもなく重機も持たない農家グループが実施可能な道路整備として、人力による道路排水処理と、土のうによる道路路盤の補強がある。排水処理として、降雨時に道路上を流れる表面流を隣接農地に誘導し、農業生産に活かす対策がある。土のうによる道路路盤補強とは、作物や肥料などを入れるプラスチック繊維で編まれた袋を土のう袋として再利用し、現地の土を一定量入れて

口部を紐でしばり、轍掘れ箇所や泥を取り除いた跡に並べて、人力で20回程度たたく。これにより土のうがまるで石の塊のように固くなり、車の重さを支えることができる。その後、土のうの表面を土で覆い仕上げる（**写真 8-7**）。

　ケニアでは農業普及の一環で、上記の簡便な道路整備手法の研修が行われた（**写真 8-8**）[*13]。農地や農業用水の整備に関する知見を持つ農業省の農業土木技術者、普及員、農家グループリーダーらが中心となり、地方行政も巻き込みながらデモ研修が行われる。研修後は、参加者が道路整備技能を身に付け、自分たちでまた自治体からの支援も得て維持管理されている事例が報告されている。

（福林）

写真 8-7　写真 8-5 の補修後の様子

写真 8-8　農業普及員による農道補修研修

---

*13　JICA、ケニア国　小規模園芸農民組織強化・振興ユニットプロジェクト

# 未来への処方箋

## 国際開発の視点

　途上国にとって農業は国民の食料確保のためのみならず、貴重な外貨獲得の手段でもある。農業従事者のほとんどが小規模農家である上に、熱帯地方では雨季、乾季があり、厳しい気象条件下にある。農村部で大きな公共投資が見込めない中、農業生産量の向上のため様々な工夫がされ、現地で調達できる資源を利用し、ため池や灌漑施設の建設が進められてきた。

　しかし、資金と技術不足から現状では漏水が多いなど、非効率で、貴重な水源をうまく利用しきれていない。生計向上に向け、農村と市場をつなぐアクセス道路の整備も求められる。

　農業インフラの整備を進めるうえで必要な国際開発の視点は以下のとおりである。

> ▶現金収入につながる農業の実施に向けた、灌漑などインフラの整備
> ▶小規模農家による組合など共同体の結成と、その組織による維持管理
> ▶現地で調達可能な資源を利用した、農業インフラ整備技術の習得
> ▶地方行政とコミュニティが連携した農業インフラ整備事業の推進

土のう袋を利用し人力締固めによる農道整備
（ケニア）

# 地方創生の視点

　農村はこれまで、農道・用排水施設、共有林の管理、農機具等の共同利用、収穫期の共同作業、農産物の共同出荷といった農業生産面のみならず、集落の寄り合いに代表される協働の取り組みや冠婚葬祭等、生活面にまで密接に結び付いた共同体として機能してきた。しかし、農村地域の人口減少、高齢化の進行により、これらの機能が弱体化し、地域資源の荒廃や定住基盤の崩壊が懸念される。

　一方、人々の環境や健康への志向が高まっていることから、農村が地域資源を活用し、人々が訪れる魅力ある地域となる可能性がある。

　地方創生に向けて農業インフラの整備を図る際に必要な視点は以下のとおりである。

> ▶地域資源を活かした都市と農村の共
> 　生・対流の仕掛け
> ▶農村の景観の付加価値化
> ▶新しい時代の農業の実践、ICTや
> 　UAVなど先端技術の導入
> ▶教育、医療、福祉との連携
> ▶再生可能エネルギーを活用した新し
> 　い収入源の創出

四谷千枚田、日本の棚田百選（農林水産省）の1つ（愛知県新城市）

# 第9章 給水インフラ

日本の給水インフラに関する途上国支援は 1968 年に実施されたエチオピア国での地下水開発に始まり、すでに半世紀を超える歴史を誇る。写真は 2001 年に日本の協力によりモザンビーク国で実施された給水インフラ整備での井戸掘削事業。

**本章の目標**

## 給水インフラの役割と機能について理解する

**ターゲット**

- □ 給水インフラの定義を理解する
- □ 給水インフラの種類を理解し、その課題を考える
- □ SDGs に掲げられた給水インフラの目標について考える
- □ 給水インフラの未来に向けた課題を考える

**SDGs**

すべての人に
健康と福祉を

安全な水とトイレ
を世界中に

人や国の不平等
をなくそう

住み続けられる
まちづくりを

## 9-1 給水インフラとは何か

　「給水」と聞いて、多くの日本人は、地震や風水害など自然災害時において被災地支援として自衛隊や自治体が実施する「給水活動」をイメージするだろう。この給水活動は、水のない被災地へ生活するために必要な最低限の飲用可能な水を提供するものであるが、給水という単語自体は「水、特に飲料水を供給すること」を指す。緊急時の活動だけでなく、常時の活動も含まれることになる。それでは給水インフラとはどのようなものなのか、以下に概説する。

### 1 給水インフラの定義

　**給水インフラ**とは「水、特に飲料水を供給するための施設および体制」と定義される。日本では水道がこれに該当する。日本だけに着目すると、給水インフラは水道インフラと呼び変えても支障ないが、世界の給水インフラは水道だけではない。例えば、井戸のような水汲み場も給水インフラとして扱っている国は多い。

写真 9-1　河床を掘って水を汲む住民
（ケニア、ムインギ県）

　それでは**給水インフラ**にはどのような種類があるのだろうか。

### 2 日本の給水インフラ整備の経緯

　日本では、今でこそ水道の蛇口が各家庭に取り付けられているが、昔は違っていた。日本の水道はいつ開発されたものなのだろうか。江戸時代の水道は、現代のように水道管と蛇口で水を各家庭まで配るのではなく、地下に木製の

**写真 9-2　水源の井戸と停電用の発電機**
（アフガニスタン、カブール市）

水路を張り巡らし、川から街に水を送り、各町内に配置した井げたの穴から釣るべを使って、水を汲み上げる仕組みであった。

　つまり、当時の水道は共同体で使用され、共同の水場で水汲みを行っていたのである。この光景は今でも江戸の様子を描いた時代劇などで見ることができる。街中の井戸の周りに人々が集まり、水汲みや洗濯、洗い物等をしながら、世間話や噂話に興じている様子がしばしば描かれている。俗に言う井戸端会議である。この井戸こそ、現代の水道であり、当時の共同の水場であった。

## 9-2　給水インフラの種類

　現代の世界の給水インフラにも、江戸で発達した公共の水場のようなシステムを見ることができる。共同で利用する給水形態も未だに存在している。それでは給水インフラにはどのような種類があるのだろうか。

### 1　給水インフラの種類と特徴

　給水インフラを分類すると、**図表 9-1** のように、水を配る方法（配水方法）と水源の違いによる分類で整理することができる。配水方法は、①水源から直接に水を得る方法、②配管で水を遠方まで運び、周辺の人と一緒に共同の蛇口から得る方法、③配管で水を引き、各家庭に取り付けた蛇口から得る方法の３種類に分類される。

　これらのシステムについて、ODA により途上国で多くの給水インフラを整

図表9-1 給水インフラの種類と特徴 [1]

| 配水方法 | | | 安い → 高い | | コスト |
|---|---|---|---|---|---|
| | | | 容易 ← 難しい | | 難易度 |
| | | | 低い ← 高い | | 利便性 |

| 水源 | | | 独立した給水（レベルI） | 配管による給水 | | 特徴 |
|---|---|---|---|---|---|---|
| | | | | 共同水栓（レベルII） | 個別水栓（レベルIII） | |
| 安い | 容易 | 低い | ①湧水 I-①：湧水地点を保護し、人々が水汲みに来るシステム | II-①：保護された湧水地点の水を共同で使用する蛇口まで配管で配るシステム | III-①：保護された湧水地点の水を各家庭の蛇口まで配管で配るシステム | 決まった場所にしか湧水がなく、水源が見当たらないことが多い |
| ↑ | ↑ | ↑ | ②地下水 I-②：井戸に人力ポンプを設置し、人々が水を汲みに来るシステム | II-②：井戸からくみ上げた水を共同で使用する蛇口まで配管で配るシステム | III-②：井戸からくみ上げた水を各家庭の蛇口まで配管で配るシステム | 水質が良ければ、そのまま引用が可能 |
| ↓ | ↓ | ↓ | ③地表水 － | II-③：浄水場で浄水した河川や湖沼の水を共同で使用する蛇口まで配管で配るシステム | III-③：浄水場で浄水した河川や湖沼の水を各家庭の蛇口まで配管で配るシステム | 浄水場の建設が必要であり、水のコストが高くなりがち |
| 高い | 難しい | 高い | ④脱塩水 － | － | III-④：塩分濃度の高い水を膜技術等で浄化し、各家庭の蛇口まで配管で配るシステム | コストの高いプラントの設置が必要であり、維持管理のコストも高い |
| コスト | 難易度 | 利便性 | 特徴 人口の少ない集落で普及 | 人口2,000人以上の村落や小さな町、地方都市で普及 | 地方の中核の町や地方都市、大都市で普及 | |

備している日本国政府は、それぞれをレベルI、レベルII、レベルIIIと分類している。一方、水源は、大地から染み出してくる**湧水**、地下に存在する**地下水**、河川や湖沼に存在する**地表水**、そして最近では海水や塩分濃度の高い水から膜技術を使って作り出す**脱塩水**の4種類に分類され、これら水源と3種類の配水方法の組み合わせにより、給水インフラは構築されている。

## 2 レベルIの給水施設

　給水インフラの中で最も簡素なシステムはレベルIの施設であり、アジアやアフリカなどの農村地域で多く見ることができる。水源には湧水か地下水が利用され、多くの施設は井戸に設置した人力ポンプで地下水を汲み上げる

＊1 筆者作成

写真9-3　人力ポンプ付き井戸に集まる村人　　　写真9-4　湧水部分を保護した水汲み場
　　　　　（ベナン、コリーヌ県）　　　　　　　　　　　　（アフガニスタン、バミヤン市）

システムとなっている。

　このシステムの利点としては、施設の建設や維持管理のコストが安く、湧水や地下水の水質が良い場合は、浄水や滅菌を不要とし、そのまま飲用できる点にある。欠点としては、利用者が水源まで水を取りに行く必要があることから、利便性に欠ける。

　また、給水施設を利用するそれぞれの地域で水場を管理するため、①ポンプや施設の修理費用を集めるシステムを構築しなければならない、② 1980 年代に開発された耐久性に欠けているポンプが未だに使用されており、頻繁に壊れてしまう、③都市から遠い村落で採用される場合が多いため、ポンプ等の交換部品が近くに売っていない、④都市のような水道サービス施設ではないため、利用者が使用料金（水料金）を払ってくれない場合もあるなど、多くの欠点がある。

## ③　レベルⅡの給水施設

　レベルⅠの欠点を克服するために、もう一歩技術的に踏み込んだシステムがレベルⅡの施設である（**図表 9-2**）。

　このシステムはアジアやアフリカの農村地域の中でも、比較的人口が集中している地域や、中南米の中進国の農村地域等で多く見ることができる（人口規模で数千人〜 3 万人程度の地域）。

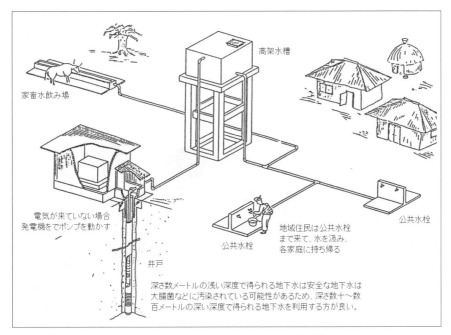

高架水槽

家畜水飲み場

電気が来ていない場合
発電機でポンプを動かす

公共水栓

地域住民は公共水栓
まで来て、水を汲み、
各家庭に持ち帰る

公共水栓

井戸

深さ数メートルの浅い深度で得られる地下水は安全な地下水は
大腸菌などに汚染されている可能性があるため、深さ数十〜数
百メートルの深い深度で得られる地下水を利用する方が良い。

図表 9-2　レベルⅡシステムの概念図 [2]

　システムの構成は、水源から水を汲み出し、水槽にいったん貯水し、そこから重力を利用してパイプで人の居住する地域へと水を配るシステムである。水源にはレベルⅠで使用するような湧水や地下水の他、川や池などの地表水が主に利用される。

　水質の良い湧水や地下水を利用する場合には、浄水処理を行わなくてもよいが、地表水あるいは水質の悪い湧水や地下水を利用する場合には、ろ過装置等の浄水施設を必要とし、浄水した水は塩素剤で滅菌しなければならない。

　塩素滅菌した水は丘の上や高い架台の上に建設した水槽までポンプで汲み上げ、貯水する。その後、貯水した水は塩ビ管等のパイプを通して、自然流化方式で住宅地に配られる。住宅地では、複数の世帯が利用する共同水栓を設置し、ここに人々が集まり、水を利用する。

　このシステムの利点としては、水をパイプで運ぶため、より利用者に近い位置で水汲みができる。他方、欠点としては、レベルⅠのシステムと同様に

＊2　「無償資金協力　地下水開発案件に係る基本設計調査ガイドライン／用語集」より

写真 9-5　日本の ODA で建設した高架水槽　　写真 9-6　共同水栓に集まる街の人々
　　　　　（ザンビア、ルサカ市）　　　　　　　　　　　（ザンビア、ルサカ市）

利用者が共同水栓まで水を汲みに行き、水を運ぶ必要がある。

　レベルⅡ特有の欠点としては、①ポンプを駆動させるために電気を利用することから、利用者から電気代を集める必要がある、②ポンプが故障した場合、比較的高度な修理技術を要する、③家庭の蛇口への配水ではないため、利用者が施設の使用料金を払ってくれない場合もあるなどが指摘される。

## 4　レベルⅢの給水施設

　給水インフラの中で最も高度なシステムはレベルⅢの施設であり、**各戸給水システム**と呼ばれる。このシステムは日本などの先進国をはじめ、中進国の都市や町、途上国の都市でも一般的に普及している。

　このシステムでは、各家庭まで配管が引かれ、蛇口から水道水を直接得ることができる。必要な量の水をすぐに得ることができるため、利便性に優れており、水の消費量も最も多くなるシステムである。このため、水源には大量の原水を取水することのできる河川や湖沼の地表水が使用され、大がかりな浄水場で浄水処理され、塩素滅菌が施された後、圧送ポンプで配管内に送り出され、各家庭の蛇口まで直接飲用のできる水道水として供給される。

　このシステムの利点は、利便性に最も優れ、かつ最も衛生的な水を供給できる。他方、欠点としては、システム全体の建設コストが割高となる。また、最も高度な浄水技術を必要とすることから、給水システムを運営・維持管理

する事業体の資金力や技術
力により、事業の成否が大
きく左右されてしまう。例
えば、資金力が乏しく、塩
素滅菌のための薬剤を購入
する資金がなければ、直接
飲用のできる水道水を提供
することができなくなる
し、技術力が乏しく、ポン
プなどの機材のメンテナン
スができなければ、24時間
給水ができないなど様々な

写真 9-7　原水を浄水する処理施設
（モロッコ、アガディール市の浄水場）

問題が生じることも多い。また、多くの水が使用されるシステムであることから、下水道が整備されていない地域では、排水の問題が生じる場合もあり、理想的には上下水で一体化した整備が望まれる。

## 9-3　SDGs と給水インフラ

　ミレニアム開発目標（MDGs）では「2015年までに、安全な飲料水と基礎的な衛生設備を継続的に利用できない人々の割合を半減させる」目標が掲げられ、各国政府、ドナー、国際機関、NGO 等が連携して、安全な飲料水の供給率向上を目指し、給水インフラの整っていない地域で多くの投資が行われた。

　その結果、安全な飲料水を入手できる人の割合は1990年の76%から2015年には91%へと向上し、目標は達成されたと報告された。しかしながら、特にアフリカの途上国においては、給水インフラへの投資が不足していたため、村落地域における給水インフラ（主にレベル I システム）の整備が後回しにされ、取り残されている。

　このような状況の下、持続可能な開発目標（SDGs）では目標6において、「すべての人々の水と衛生の利用可能性と持続可能な管理を確保する（安全な水と

トイレを世界中に）」という目標が掲げられ、ターゲット 6.1 として、「2030 年までに、すべての人々の、安全で安価な飲料水の普遍的かつ衡平なアクセスを達成する」と、MDGs よりもさらに野心的な目標が掲げられている。この目標の達成には、民間の参入も期待されているが、特にアフリカの途上国における村落地域では、なかなか民間が主導できるようなビジネスモデルが見当たらず、その達成には相当な困難を伴うものと予測される。

## 9-4 給水インフラの課題

　途上国が SDGs の目標を達成できるように、日本などの ODA 支援が行われている。しかし、目標 6 に示された安全な水へのアクセスは、前回の MDGs でも未達成の部分が残されており、多くの投資が必要となるだろう。給水インフラの課題を以下に述べる。

### 1 開発予算の課題

　アフリカ諸国の村落地域では、干ばつに弱く、かつ安全な飲料水に適さない浅い地下水を水源とした井戸が多数存在する。MDGs や SDGs の趣旨に照らしても、本来であれば、このような給水インフラは技術的に高度な施設へと速やかに変更する必要がある。特にアフリカの村落地域においては、レベル I システムの建設を得意とする日本の ODA により、従来どおりに支援を行うことが適切であるが、日本が実施しているレベル I システムの建設事業（村落給水プロジェクト）はこの数年間で激減しており、**図表 9-3** に示すように、2016 年度はついに 1 件も実施されることがなかった。これまで日本がアフリカ諸国で実施してきた村落給水プロジェクトは、その圧倒的な資金量とノウハウとして積み上げてきた高度な技術力により、ひとつのプロジェクトで数百に及ぶレベル I システムを一挙に整備してきた。

　しかしながら今後、日本がアフリカの村落地域での給水インフラ整備に支援を行わない場合、誰がその整備を担い、SDGs 達成への貢献を行うのか、当

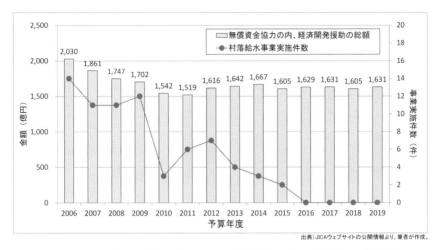

図表 9-3　日本の無償資金協力による村落給水事業の実施状況の推移 [3]

該国政府の力だけでそれが可能なのか、それとも村落地域の給水インフラ整備は切り捨ててしまうのか、当該国政府、国際機関、各国ドナー、NGO 関係者らとともに、現実を直視して、真摯に議論を行う必要がある。

## 2 システムを選定するうえでの課題

　通信・情報技術が急速に発展した今日においては、アフリカの途上国における村落地域であっても、多数の人々が携帯電話を持つ時代となっている。このような時代において、人の生命にも直結する給水インフラが未だにレベル I システムしかない地域が残っている現状への疑問は多い。また、給水施設の運営維持管理が正しく機能していない割合が最も高いのがレベル I システムであるという事実も見逃すことはできない。この背景として、現状ではほぼすべてのレベル I システムの運営維持管理が住民組織により行われており、当該国政府やドナー（援助国政府や国際機関等）、NGO 等の手助けなしには、住民たちだけでは持続的な施設経営が財政的かつ技術的にもできない現実がある。

　また、安全な飲料水が手に入るとはいえ、わざわざ水場に水を汲みに行か

---

＊3　JICA ウェブサイトの公開情報より、筆者が作成

写真9-8　ポンプが故障し、放置された井戸
井戸自体は故障しておらず、ポンプの交換だけで施設は利用可能になると思われる。（ウガンダ、ゴンバ県）

なければならない生活スタイルは、いくら途上国の村落地域とはいえ、先進国さらには当該国の都市とのライフスタイルの格差は歴然であり、大きな課題でもある。この課題は、共同水栓で配水を行うレベルⅡシステムでも同様である。

SDGsの目標10「各国内及び各国間の不平等を是正する（人や国の不平等をなくそう）」のターゲット10.3では「差別的な法律、政策及び慣行の撤廃、ならびに適切な関連法規、政策、行動の促進などを通じて、機会均等を確保し、成果の不平等を是正する」との目標が掲げられている。特に給水インフラには言及していないものの、「水さえ手に入れば、途上国の村落地域ではレベルⅠシステムやレベルⅡシステムで十分である」といった政策決定者側の一方的な思い込みは、SDGsの理念からは必ずしも受け入れることはできない。

　このような観点から、途上国の村落地域においても、現代にふさわしい給水インフラとしてレベルⅢシステムを採用すべきではなかろうか。レベルⅢシステムの各戸給水になると、レベルⅠシステムやレベルⅡシステムで見られた自助努力的な施設の運営維持管理が、行政や民間の公共サービスへと移管された形態となる。料金に見合うサービスが提供されれば、水利用者は水道料金を支払うようになる。そしてそのような状態を持続的に作り出すことができれば、自ずと水道事業の持続性は担保されることになり、本来あるべき持続可能な給水インフラの整備につながるであろう。

# 3 施設の運営維持管理の課題

　今後もレベルⅠシステムやレベルⅡシステムが一定期間は存在するとして、現在も問題化している最も大きな課題が施設の運営維持管理である。これはレベルⅠシステムで顕著な問題となっており、その原因は非常に複雑である。

　給水施設の運営維持管理システムの崩壊の代表的なメカニズムは**図表 9-4**のとおりである。まず施設の建設前、施設の運営維持管理を行うために、**水利用委員会**が設立される。水利用委員会の役割は、施設の管理、日常メンテナンス、施設が故障した時の修理、水利用者からの施設利用料（水料金）の徴収、徴収した施設利用料の管理などである。

　水利用委員会のメンバーは水利用者から選出された者であり、通常は無償のボランティアで行われることが多い。施設の建設後、水利用委員会が業務を開始し、施設の運営維持管理を担当する。数か月、数年経つと、いくつかの水利用委員会では、メンバーによる施設利用料金の不正な使い込み、親しい者に施設を優先的に使わせるなどの不平等な施設の運用、日常メンテナンス業務の放棄等、不透明な会計処理や不誠実な施設の運営維持管理が明らか

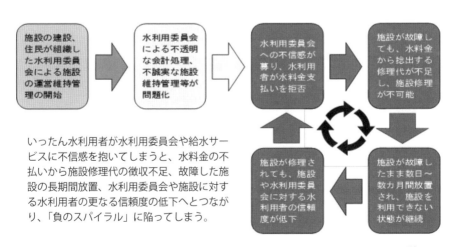

いったん水利用者が水利用委員会や給水サービスに不信感を抱いてしまうと、水料金の不払いから施設修理代の徴収不足、故障した施設の長期間放置、水利用委員会や施設に対する水利用者の更なる信頼度の低下へとつながり、「負のスパイラル」に陥ってしまう。

**図表 9-4　給水施設の運営維持管理システムの崩壊の代表的なメカニズム**[*4]

＊4　筆者作成

写真9-9　施設の運営維持管理にかかる研修
町レベルで研修を受ける職員の活動費や交通費の予算が少ないため、十分な活動ができない（ウガンダ、ムピギ県）

となり、水利用者の間で問題視されるようになる。これが水利用委員会への不信感へとつながり、施設利用料の支払いを拒否する水利用者が現れるようになる。

また、施設が故障しても、水利用委員会が即座に修理対応しない、あるいは修理費用が不足し、施設の修理ができない状態が生じると、施設は故障したまま、数日間、あるいは数か月間も放置され、施設からの水汲みができない状態が続くようになる。これを見ている水利用者は、施設そのものへの信頼を失い、たとえ施設が修理されたとしても、またいつ故障するのかわからない施設への不信感が募り、施設利用料の支払いを拒否する水利用者が増えていくことになる。

このような状況を改善するため、日本政府としても水利用委員会の施設の運営維持管理能力を強化する支援をアフリカの多くの国々で行っているが、すべての支援が良い成果を上げているとは言い難い状況にある。この状況から、地域住民の自助努力のみで給水インフラのシステムを運営維持管理していくことは、もはや限界にきており、新たな方法による給水インフラの運営維持管理システムについて検討すべき時期に来ているといえよう。

## ４ 地下水開発の課題

技術的な課題として、最も深刻な問題は水源である。先に述べたように、水源には湧水、地下水、地表水、脱塩水の４種類があるが、開発の優先順位としては、まずは地表水の利用が検討される。その結果、もし必要とする水量がない、あるいは何らかの理由で地表水が使用できない場合には、地下水

の開発を行うことになる。

しかしながら、地下水についても水量が少ない場合や、水質が悪く使えない場合もある。この場合には、膜技術を利用した脱塩水を用いることになるが、施設の建設費や維持管理費が高く、施設の管理自体もより高度なものになることから、自助努力的な施設の運営維持管理が求められているレベルⅠシステムやレベルⅡシステムでは採用することが難しい。

**写真 9-10　物理探査による地下水探査**
アフリカの多くの地域はプレカンブリア紀の最も古い岩盤に覆われており、地下水開発が非常に難しい。また地下水を見出したとしても、鉄、フッ素、硫酸塩、硝酸塩等の含有量が多く、飲用できない場合も多い。(ベナン、コリーヌ県)

この課題は特にアフリカ諸国の村落地域で顕著であり、地表水もなく、良質の地下水も見つけることができないという地域が、給水率の低い地域として、現在も取り残されたままであり、都市と村落地域のインフラ整備の地域間格差として問題が顕在化している。

このように、給水インフラの運営維持管理やさらなる整備には多くの課題を克服していかなければならない。しかしながら、水は人が生きていく上で欠かせない物質であり、それを提供する給水インフラは多くのインフラの中でも非常に重要である。つまり、この重要なインフラについて、地域間で格差を付けることは、まさに時代から逆行した行為であるといえる。もちろん、すべての地域で各戸給水を実現することは、資金的にも非常に難しいだろう。しかし SDGs の理念に照らせば、すべての人に安全な水を得る機会を平等に与えることができるように、着実にこれを実現させていく支援策が求められる。

## 5 公衆衛生向上への貢献

2019年に中国の武漢から発生した新型コロナウイルス感染症（**COVID-19**）のパンデミックは、世界中の人々を恐怖と混乱に陥れた。このような感染症の脅威については、人類は古くから幾度となく経験してきている。世界的な事例としては14世紀に世界で大流行したペストがよく知られており、日本の事例では明治12年（1879年）と明治19年（1886年）に大流行し、10万人以上の死者を出したコレラがよく知られている。

今回の新型コロナウイルスでの対策としては、飛沫感染を防ぐため、特に入念かつ頻繁な手洗いが励行され、日頃から手洗いに慣れている日本人には重度な感染者が比較的少ないと一部の識者から聞かれるなど、日本人の公衆衛生の意識の高さを改めて実感したところである。しかし、この背景には、日本中くまなく張り巡らされた水道網により、私達日本人が常に衛生的な水を利用できる環境にあるということを忘れてはならない。

そもそも日本の水道の歴史は**公衆衛生**と表裏一体の関係にあったと言っても過言ではない。その発端が先に述べた明治12年のコレラの大流行である。当時の日本ではまだ水道が整備されておらず、庶民は井戸や水路、水売りの水を利用しており、少なくとも衛生的な水を利用していたとはいえない。このため**水系感染症**であるコレラが大流行し、これを防ぐことをひとつの目的として、全国での水道の布設が計画された。通常、世界の国々で水道を管轄する省庁は水省や建設省等であるが、日本では厚生労働省が水道を管轄しており、ここでも日本の水道の歴史を実感できる。

一方、アフリカ諸国のような途上国では水道網が完備しておらず、手洗いの水でさえ入手困難な地域も少なくない。このため、コレラや腸チフス、赤痢などの水系感染症の発生が絶えない状況にある。公衆衛生を向上させ、水系感染症の蔓延を防ぐためにも、途上国の全国レベルでの水道網の普及は喫緊の課題となっている。

# タジキスタンにおける水道施設の更新

　タジキスタン南部、アフガニスタン国
との国境沿いに位置するハトロン州ピア
ンジ県の県庁所在地であるピアンジ町で
は、旧ソ連邦時代の 1960 年代に建設さ
れたレベルⅡシステムの水道施設を利用
していたが、施設の老朽化が激しく、24
時間給水ができていないなど人口増加に
伴う市街地の拡張にも対応できておら
ず、町の給水率もわずか 35％程度であ
る。

**大容量の高架水槽を採用したことで、
安定した給水事業の実施に成功した（タ
ジキスタン、ピアンジ県）**

　この状況を改善するため、日本政府は「ハトロン州ピアンジ県給水改善計
画」を無償資金協力事業として実施することを決定した。本事業は 2013 年に
調査を開始し、2015 年にレベルⅢシステムの施設の建設を開始、2016 年に
竣工し、給水を開始した。この結果、ピアンジ町と隣接する 6 村落の人口約
29,000 人に対して、各家庭の蛇口から 24 時間の給水を可能とした。

　本事業の実施上の課題は、レベルⅡシステムからレベルⅢシステムへの変更
に伴う水道料金体制の変更である。従来は共同水栓を利用していたため、世帯
あたり月額の定額料金制度であったが、各戸給水に切り替わり、水道メータで
水の消費量を量ることにしたため、使用量に伴って料金も変わる従量料金制へ
と変更することにした。このため、地域住民からの反発も想定されたが、十数
回に及ぶ住民説明会により、実際には公平な従量料金制を歓迎する声が多数寄
せられた。また、24 時間、たとえ停電の時でも、いつでも蛇口から飲むこと
のできる水道水を供給したことにより、新しい給水施設に対する利用者の信頼
性が飛躍的に向上したことも、従量料金制が受け入れられた背景として考えら
れる。

　本事業は、中央アジアで初の鉄筋コンクリート製大容量高架水槽を導入、建
設し、地域住民の利便性を飛躍的に向上させたことが評価され、「平成 27 年
度土木学会技術賞」と「第 13 回 JICA 理事長賞」を併せて受賞した。　（杉野）

# 国際開発の視点

　途上国では地方、特に村落地域での給水インフラの整備が遅れている。また、整備されていたとしても、住民組織による給水施設の運営維持管理体制が脆弱であるため、いつシステムとして機能しなくなってもおかしくない。この住民組織による運営維持管理体制は、その能力強化が 1990 年代から 30 年近く行われてきているが、一向に能力の向上が見られることはなく、施設の持続性は依然脆弱性を抱えたままである。

　この状況を改善するには、簡単に壊れない強靭な施設を作ること、住民の期待に応えられるサービスを提供できる施設を作り、それを運用できる技術的に優れた組織に運営維持管理を担わせることが求められる。このために必要とされる国際開発の視点は以下のとおりである。

---

▶レベル I システムやレベル II システムからの脱却、レベル III システムへの転換

▶レベル III システムの配管拡張による給水エリアの拡大

▶民間資金の投入による開発資金不足の補充

▶水道事業者による適切な給水サービスの提供

---

人口の増加でレベル II システムでも給水が間に合っていない現実もある（ウガンダ、ムベンデ県）

# 地方創生の視点

　国内の水道普及率は98%（2018年）である。しかし、水道管の老朽化対策や大震災への備えが喫緊の課題として指摘されている他、老朽化に伴う浄水場の更新が全国の多くの水道事業体で必要とされている。また、水道事業従事者の高齢化や水道施設の設計技術者の不足、将来的な人口減少に伴う消費者の減少等も指摘されている。一方、2018年の国会で成立した水道法の一部を改正する法律により、民間が水道事業にコンセッション方式で参入できるようになり、この運用についても大きく注目されている。

　このため、限られた資源を有効に利用することが求められており、必要な視点は以下のとおりである。

> ▶水道事業の統廃合による給水エリアの広域化
> ▶官民連携による水道事業の運営
> ▶民間の有効活用による施設の更新や耐震化
> ▶水道事業への民間の参入に対する自治体の監督能力強化

老朽化で水道管の空気弁が外れ、水柱が噴きあがった（2018年7月、埼玉県飯能市）〔朝日新聞社提供〕

# 第三部

# 新しい時代に向けたインフラ開発

**富山県高岡市と射水市を結ぶ万葉線高岡軌道線**

## 第 10 章

人づくりのインフラ

インフラの根幹は人づくり。タイコンケンで二輪車走行の調査をコンケン大学生と共同で行う日本人学生

本章の目標

## 人づくり（教育）インフラのあり方と整備方策を理解する

ターゲット

□ 人づくり（教育）のインフラとは何か、取り組みの潮流、現状、定義を理解する

□ 日本の経験から見る教育制度の整備を理解する

□ 途上国で行われている教育分野の国際協力を理解する

□ 事例を通じて新しい時代に向けたインフラ人材育成のあり方を考える

SDGs

質の高い教育をみんなに

ジェンダー平等を実現しよう

人や国の不平等をなくそう

パートナーシップで目標を達成しよう

168

## 10-1　人づくり（教育）のインフラとは何か

　SDGs の目標 4 は「質の高い教育をみんなに」である。誰もが取り残されることなく公平に、また一生にわたって質の高い教育の機会を提供するため、国際協力においては人づくり（教育）を最優先課題の 1 つに設定し様々な取り組みを実践している。

　本章では社会を支える基盤であるインフラの一部として教育を取り扱い、①日本の経験から教育制度、②国際協力による途上国で行われている教育事業、③事例研究として具体的な教育プロジェクト・活動の取り組みについて紹介し、その理解を深める。

### 1 人づくり（教育）インフラに対する国際的取り組みの潮流

　まず国際的な視点から、途上国に向けた教育分野の支援の流れを整理する。戦後の独立を経て、多くの途上国は宗主国との影響を受けながら教育システムを整備していった。

　その中で大きな節目となったのが、1990 年にユネスコ等の国際機関がタイ国ジョムテンで開催した**万人のための教育世界会議**（**EFA**）である。この会議以降、幼児教育や前期中等教育も含めた**基礎教育**（**Basic Education**）という概念が定着し、教育支援の主流となった。その後、アルマティア・センの「人間開発」の概念が台頭し、それが 2000 年に設定された MDGs の目標 2「初等教育の完全普及」に反映された。達成指標は 2015 年までにすべての教育レベルにおける男女格差を解消するというものであった。

　MDGs を受けて 2015 年に SDGs で掲げられた目標は冒頭のとおりである。本目標には、持続可能な開発の観点から、初等教育のみならず高等教育から障害者教育も含めた格差の是正と文化の多様性理解の観点が盛り込まれている[*1]。

---

* 1　萱島信子・黒田一雄編著『日本の国際教育協力』東京大学出版会、2019 年

## 2 教育分野の現状と SDGs の達成目標

　国連によると、2020 年は新型コロナウイルス感染症の発生により、世界 190 超の国・地域で 16 億人の子どもや学生が学校休止の影響を受け、特に低所得層や途上国において事態はさらに悪化する恐れがあると報告されている。もとより、途上国の年間教育予算（総額）は、先進国の予算と 1.5 兆ドル（160 兆円）の格差があり、コロナ禍でこの差は開き続けている[*2]。

　小学校に通えない子どもの割合（2017 年）は世界全体で平均 10%、人口で 6,400 万人となっている（**図表 10-1**）。また、通学していても基本的な読解や算数ができない子どもが多い現状を踏まえ（**図表 10-2**）、教育の質の改善が SDGs の主たる目標として設定されることになった。

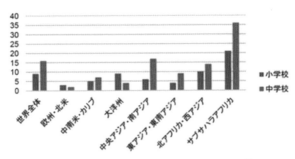

図表 10-1　学校に通えない子どもの割合[*3]

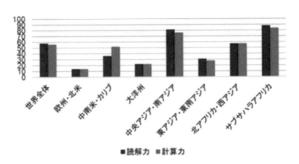

図表 10-2　必要最低限の学力が身について
いない子どもの割合[*4]

＊ 2　「世界 2400 万人、教育中断の恐れ 新型コロナで国連試算」、日本経済新聞、2020 年 8 月 4 日
＊ 3　Global Education Monitoring Report 2019 UNESCO
＊ 4　UIS Fact Sheet No. 46

## 3 人づくり（教育）インフラの定義と本書で取り扱う範囲

　人づくり（教育）インフラとは、教育を支える制度や施設などのシステムであり、構成は次のとおりである。

①ソフト面（法規則、仕組などの制度）
　　・設置・管理運用に関する法律・規則・ルール（教育基本法、各種学校法など）
　　・社会的な仕組み（待機児童施設、スポーツ教室、子ども食堂など）
②ハード面
　　・施設（学校、教室、図書館、研究室、校庭（競技用グランド）、Wi-Fi、通信ネットワーク施設など）
　　・教育を目的とするや資機材・用具（研究用設備、黒板、机、冷暖房器具、PC、IT機材や電源、文房具など）

　さらには、教育機関が有している歴史・伝統、教職員、同窓会、学生など組織・人材を含めた教育資源をインフラと称する用例も散見される。オンライン授業やeラーニングを本格的に実施するのであれば、最新の情報・放送関連（メディア）の施設・設備の整備・維持管理も教育インフラの範疇となろう。このように人づくり（教育）インフラの範囲は広く、その内容は多様である。

## 10-2　日本の経験から見る教育制度の整備

　**教育・人材育成**は、国の経済・社会活動を推進するうえで、重要な役割を果たしている。本節は日本の事例を参考に、近代的教育の導入時期である明治以降から、現在（令和）に至る一世紀半の期間を対象として、教育制度が国内に普及・定着する流れを振り返ってみる。

　時代の変化と変容する社会の要請に応じて、日本はどのように教育制度を整備してきたのか。事例を通じて、制度インフラを社会の仕組みとして定着・実装するための取り組み方策と事業化を推進する一連の行程について理解する。

## （1）近代教育導入時の課題と日本の教育発展の特徴

　現在の途上国同様に、日本は近代教育の導入時、**教育の①量的拡大、②質的拡大、および③マネジメント（管理業務）改善**という３つの整備課題を抱えていた。

　そこで政府は、まず初等教育の量的拡大に力を注ぎ、初等教育がほぼ普及すると重点を質的向上や中等・高等教育の拡充へと移行させた。教育行政においては中央集権から地方や学校への権限委譲が図られる一方で、教育財政については当初は保護者や地方の負担が大きかったものを徐々に国庫負担へと移行していった。

　このような取り組みを成功させた要因としては、近代教育に引き継がれた日本の教育の特徴があげられる。それは、①すでに伝統的な教育が普及していたなど初期条件が比較的恵まれていたこと、および②官民協働により教育開発を推進してきた点である。

　国家は常に教育政策を優先政策として位置付け、国民もその重要性を理解し教育財政を支えた。これにより、列強支配が続く厳しい世界情勢下においても、様々な課題に積極的に取り組み、比較的短期間で基礎教育の普及が可能となった[5]。

## （2）近代教育の導入期──明治以降から終戦時まで（1868 〜 1945 年）

### ①教育制度の基礎となる学制の発布と近代技術の導入

　明治新政府の基本的国家政策は、**文明開化、富国強兵、殖産興業**の３つであり、教育改革もそれら政策を実現するための手段として力が入れられた。

　教育の制度化を図るため、早速政府は 1871 年（明治 3 年）に文部省を設置し、翌 1872 年に**学制**を発布する。学制とは、日本最初の近代学校制度に関する基本法令であり、日本における近代教育の体系化を目指したものである[6]。

　また政府は、近代技術の導入にも熱心に取り組んだ。特に蒸気を動力とした船舶や機関車などの交通や、電気、水道、河川工事等の土木・インフラ関連技術である。これら近代技術の習得や高等教育は、**お雇い外国人**と呼ばれる外国人を講師として招聘するとともに、多くの留学生を欧米に派遣した。

　当時、国の教育予算の多くは高額な外国人講師の雇用や留学生の費用に充

---

\* 5　独立行政法人国際協力機構（JICA）国際協力総合研究所『日本の教育経験−途上国の教育開発を考える−』
\* 6　教育改革を図る学制は、徴兵令（軍事改革）地租改正（財政改革）など明治維新の三大改革の１つといわれている。1879 年に教育令に移行。

当されることになり、初等教育は地方政府や保護者に大きな負担となった。

②初等教育の普及

　初等教育の導入直後は、教育に対して理解のない家庭も多く、貧しい家で
は子どもを学校に通わせる余裕がなかったことも一因として、就学率は低迷
していた。しかし学費の無償化などの影響により 1890 年代に入ると就学率は
順調に伸び、1907 年には義務教育の年限が 6 年に延長され、女子の就学率も
ほぼ 100% に達するようになった（**図表 10-3**）。

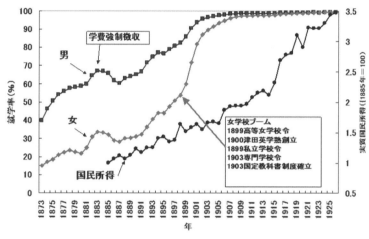

図表 10-3　義務教育の就学率（男女別）と国民所得成長指数 [7]

## （3）戦後の新たな教育改革――教育の民主化と多様化（1946 〜 1960 年）

　1945 年の敗戦時、日本は戦後の混乱期にあり、物資・予算・人材が不足す
るなか、民主主義に基づく新たな教育制度の導入に加え、戦後の復興に向け
て荒廃した教育施設を復旧していく必要があった。

　占領下の連合軍総司令部（GHQ）の統治下のもと、1946 年には平和主義と
民主主義を掲げた新憲法、1947 年には**教育基本法**が制定された。これにより、
小・中学校の義務教育期間が 9 年に延長、男女共学など**学習指導要領**に基づ
いた学習カリキュラムが編成されるようになる。栄養が不足する欠食児童対

* 7　吉田恒明作成

策のため、1952 年に学校給食法が制定された。これにより教育の一環として食の教育が位置づけられ、全国的に**給食制度**が導入される契機となった。

## （4）教育の拡張と新たな教育課題（1960 ～ 1970 年）

1960 年代の高度成長期に入ると、家計経済の安定、都市部の中間層の拡大、第一次産業人口の減少による雇用労働の増加、学歴主義の浸透などによって、より高いレベルの学歴を求める国民の教育需要が増大する。特記すべき事項としては、義務教育における**教科書の無償給与制度**（1962 年）が導入され、全国すべての児童が無償で教科書を使えるようになった[*8]。

## （5）これまで教育改革の試みと新しい教育課題（1970 年～現在）

1970 年代以降になると、急激な社会変化にともない、日本の教育は現代にも通ずる様々な課題に直面するようになった。政府も危機感を持って**教育改革**を政策課題として取り上げ、これまで①受験制度の改革、②個性重視の教育、③授業時間の削減（ゆとり授業導入）、④体験的・課題解決的な学習活動の重視、⑤総合的学習の時間の創設、⑥選択学習の幅の拡大、そして最近は、⑦多様な価値観の配慮、⑧いじめ対策、⑨英語、プログラミング学習の早期導入、⑩ICT を活用したオンライン授業の導入などの検討が繰り返し議論されている。

また、人口減少の歯止めがかからない地域では廃校が増えている。文部科学省の調査によると 2017 年度までの 15 年間の廃校数は 7,583 校、年間 500 校のペースで増え続けている。これにともない、生徒の学校へのアクセスに不便が生じており、学習機会の格差も問題視されている。また、大都市への学生流出も依然として大きな問題である。

このような状況下、地方でも試みられたオンライン授業の導入は、必ずしも順調に進められなかったところもあるが、過疎地の学習方法としては新しい可能性を感じさせる。人づくりは国づくりの基本であり、将来に向けて国内の総力を挙げて教育の質向上に取り組む必要がある。

上述したとおり、日本の教育制度は決して順風満帆に整備されたのではなく、数多くの失敗を繰り返し定着化を試みてきた。現在も数多くの課題を抱えている。しかし日本における教育制度の適用化過程を正しく理解し、制度

---

* 8 （財）教科書研究センター調査研究報告（2009 年）によると教科書が無料で国民に支給されているのは世界中でも 15 か国程度に過ぎない。

インフラの導入の観点から様々な教訓を学ぶことは、途上国の人づくり、国づくりに向けた教育分野の国際協力について考える際にも有意義であろう。

## 10-3　途上国で行われている教育分野の国際協力

　日本は国際協力において、**人間の安全保障**[*9]の観点から、とりわけ教育分野を重視してきた。SDGs に関連しては、2015 年に**平和と成長のための学びの戦略**を打ち立て、①包括的で質の高い学び、②産業・科学技術育成と社会経済開発の基盤づくり、③国際的・地域的な協力ネットワークの構築からなる教育分野における支援方針を発表し、「人づくりは国づくりの基礎」を標榜する日本の取り組み姿勢を現している。

　教育分野に対する日本の国際協力の対象は、大別すると①初等教育のための**基礎教育**、②産業人材育成のための**技術教育・職業訓練**（TVET[*10]）、③大学などで高度な人材を育成するための**高等教育**の 3 つに分類される。内容的には、①技術協力による教育制度や学習要綱（カリュキュラム）の策定や教材作成などのソフト面、および②校舎の建設や教育資器材の供与など教育インフラに対するハード面の整備支援の 2 つに分類できる。本節では日本独自の 5 つの特徴ある事例について紹介する。

### ①みんなの学校プロジェクト（地域とコミュニティによる学校運営）

　サブサハラ・アフリカでは、現在も児童の約 4 割が学校に通学できず、約 8 割は基礎的な読み書き・計算スキルを習得していない。このような危機的な初等教育の改善に向けて、2004 年から日本の支援により**みんなの学校プロジェクト**が実施されている。インドネシアで成果を上げた教育プロジェクトに端を発し、アフリカでも特に所得水準の低いニジェールにて開始され、近隣の仏語圏 5 か国、マダガスカル、ガーナ、南アフリカにも拡大し、これまでに 4 万 5000 の小学校に導入されている。

　本プロジェクトの特徴は、日本の PTA 活動も反映して行政・学校・保護者（コミュニティ）の三者からなる**学校運営委員会**を結成し、学校の信頼向上と就学への理解を深めたことにある。このような協働と情報共有を通じて基礎教育

---

* 9　人間一人ひとりに着目し、それぞれの持つ豊かな可能性を実現するために、保護と能力強化を通じて持続可能な個人の自立と社会づくりを促す考え方。（外務省）
*10　Technical Vocational Education and Training

の改善プロセスに巻き込む方法は、教育現場の当事者による改善案が活かされる環境整備を促し、プロジェクト開始1年間で就学者46.8%増を達成するなど目覚ましい成果を挙げた。

　この**参加型学校運営改善モデル**は、教育に限らずコミュニティの様々な課題を解決する可能性も有している。例えば、マダガスカルでは自主給食運営や栄養啓発を通じて保健と栄養の課題に取り組み、ブルキナファソではエボラ出血熱に関する住民啓発に効果を挙げるなど、コミュニティの抱える様々な課題解決に向け応用されており、途上国におけるさらなる普及・発展が期待されている。

### ②**日本教育パートナーシップ**（**生活指導を通じた基礎教育**）

　エジプトにおける人材育成を目的として2016年に**エジプト―日本教育パートナーシップ**(EJEP)[11] が開始されている。本事業は就学前教育から、基礎教育、技術教育そして高等教育に至るまで、日本の教育の特性を生かした人材育成を包括的に実施している点が特徴である。

　内容としては、教育及び保健分野のエジプト人学生、教員約1,400人の留学生・研修生が日本で学ぶほか、日本式教育を取り入れたエジプト日本学校（EJS：Egypt-Japan School）の開校を進めている。特に注目を集めているのは特活（特別活動）と呼ばれる掃除、学級会、日直、手洗いや歯磨きなどの生活指導などの活動を中心とする日本式教育を取り入れていることである。

　エジプトでは掃除は社会階層の低い人の仕事とされ、保護者の間に最初は多少の戸惑いもあったようだが、子どもたちの物を大切に扱う態度や自主的に整理整頓を行う行動変容が現在では高く評価されるようになった。

### ③　UNDOKAI（**身近なスポーツへの参加**）

　スポーツは健康増進、身体能力の向上に加え、チームワークを通じて人との協調性を育むなど教育・社会的な効果も高い。東京オリンピックを控え、日本はスポーツによる国際協力も積極的に行っており、特にユニークなのは**運動会**（UNDOKAI）の開催である。

　途上国では体育が授業科目に取り入れられておらず、身近にスポーツが取り入れられていないことも多い。そこでスポーツの楽しみに触れる機会を増やすことを目的として、JICA青年海外協力隊などの団体より支援を受け

---

*11　Egypt-Japan Education Partnership: EJEP

UNDOKAI が開催する事例が増えている。内容は徒競走、騎馬戦、ダンス、応援など私たちにお馴染みの種目であり、初めての子どもでも参加しやすい形態として工夫されている。

### ④高等教育支援（科学技術イノベーションによる人づくり）

日本は高い技術力の強みを活かして、高等教育に対する支援にも力を入れている。そのうちケニアのジョモ・ケニヤッタ農工大学（JKUAT）には、1977年からの 2000 年まで日本が継続的に支援を続けている。1994 年には大学院課程も開設し、現在では学生数 30,000 人を有する同国農工系トップ大学の一つに成長している。

現在は、アフリカ域内の社会開発を担う人材を養成・確保するため、2014 年より JKUAT を拠点として 6 年間に及ぶ技術協力「アフリカ型イノベーション振興・JKUAT/PAU/AU ネットワークプロジェクト」を展開し、研究環境整備・研究能力強化に取り組んでおり、アフリカ諸国に多数の高度人材を輩出している。

### ⑤学校建設（教育効果を発揮するためのインフラ施設）

最後に、日本が行ってきた学校建設の概要を紹介する。これまでの事例は教育の法制度、取り組み施策、管理・教授方法などいわゆるソフト面に対する支援であった[12]。一方、学校建設は、導入された教育システムが十分に効果を発揮するための機能を整えるインフラ施設の支援である。

学校施設が不足している途上国に対する学校建設の支援は、一見わかりやすい援助方式のようにも感じるが、本格的に始まったのは 1980 年代以降であり、ODA の対象となるのは実は早い時期ではない。その理由は、日本の援助方針が、まずは高等技術に関する技術移転協力を優先したためであり、学校建設案件が増加するのは国際的に基礎教育重視の観点が定着する 1990 年以降となる。

方法としては一般プロジェクト無償から始まり、コミュニティ開発支援無償などたびたび名称を変えて今日に至っている。グローバル化を迎えた今日は、多様な価値観を反映し学校施設のニーズも大きく様変わりしている。学校建設も単なる量の確保に留まらず、ICT 技術の有効活用も図り、社会の変化に適合して質を向上させる必要がある[13]。

---

[12] 高等教育支援には研究用の施設整備などが含まれている。
[13] 興津妙子『日本の国際協力　歴史と展望』「第 3 章学校建設　多様なニーズに応える学び舎づくりへの挑戦」東京大学出版会、2019 年

## 10-4 国際協力を通じたインフラ人材の育成

　途上国においては、インフラ人材育成に向けた高等教育のニーズはきわめて高い。実際に JICA が実施している高等教育機関設立・育成のための技術協力プロジェクトのうち、技術・工学分野の割合は 7 割を占めている[*14]。本節では国際協調を通じて行っている**日越大学**（Vietnam Japan University：VJU）の教育プログラム支援活動を紹介する。

　日越大学は、ベトナム・日本両国の協力のもと 2016 年に開校されたベトナム国立大学（VNU：Vietnam National University）[*15] の構成校の 1 つであり、建学の理念は次のとおりである。

①アジアでトップクラス「国際水準」の大学

②国づくりを担う「高度人材の育成」（学際的な課題解決能力）

③日本企業への「人材の供給」と「研究拠点の提供」

　日越大学は、日本の有力大学が幹事校となってカリキュラムの準備と教員を派遣し、国際レベルの教育を提供している。授業は英語で実施され、必須科目として日本語教育が含まれている。

　2013 年、JICA は一般社団法人日本・ベトナム経済フォーラム（JVEF）が提唱した民間主導のハノイ科学学園都市の中核となる日越大学の構想を検討するために基礎情報収集・確認調査を実施した。これを踏まえて、日越友好議員連盟総会による協力要請が行われ、ズン首相、サン国家主席との日越首脳会談において、日越大学の設置に向けて両国政府が協力し合うことを確認した。

　2014 年、日越大学の建設用地がホアラックに決定され、日越大学は VNU 傘下の大学として設立されることが正式決定する。ベトナム政府と他国間で共同設立された国際大学は、他にも越独大学、越仏大学などの先例があったが、ドイツ、フランスから派遣された教員は講義だけを実施し、ベトナム側の教員への技術移転があまり行われなかった。このため初期の協力プロジェクト終了後は、同水準の教育レベルの維持が困難となり、ベトナム側の不満が高いとされていた。このため日越大学では、これらの反省を踏まえて、日本人教員とベトナム側教員との共同パートナー制により各プログラムが運用・

---

*14　『日本の国際教育協力』2015 年
*15　VNU は 19 の教育・研究施設、3 か所の研究所、約 2,000 名の研究者と 40,000 名の学生を有するベトナムのトップレベル大学である。

実行されるように計画が立案された。

　ベトナム政府は、2016年に修士課程を開講するため必要となる日本側からの支援を得るため、JICAによる技術協力を要請し、2015年より技術協力プロジェクトが開始された。同プロジェクトにより、8つの修士課程プログラム（社会基盤、ナノテクノロジー、環境工学、公

写真10-1　インターン生の東京外かく大深度シールド現場見学会（2019年10月）

共政策、気候変動・開発、企業管理、グローバルリーダーシップ、地域研究）が開講されている。

　現在はハノイ市内のミーディン地区の校舎において講義を行っているが、将来はハノイ郊外のホアラック・ハイテクパーク地区に新キャンパスを建設し、併せて博士課程や学部を順次開設する予定である。

　筆者（武田）もJICA専門家として参加している社会資本専攻（Master's Program in Infrastructure Engineering）では、国際的なインフラの管理と開発プロジェクトの管理運営に適する人材育成を目指している。在籍する学生は、道路、橋、トンネル、輸送、土壌、コンクリート、材料、地域／都市計画、景観など多岐にわたる対象に対して、設計、建設、計画、管理、運用などの実践的スキル、および持続可能な社会のための社会資本のあり方を多面的に学んでいる。

　また日本の大学における教育・研究および関連企業の実務経験を通じ、日本的な研究の仕方、働き方に接近できるように、在学者数の成績上位者は3か月間程度、日本の大学へ派遣するインターンシップも実施されている。

　このように教育機関の設置・運営の支援を通じて、日本も途上国のインフラ分野の人づくりに大きく貢献している。

# コンケン大学と日本の大学生の共同ワークショップ

交差点での現地調査風景。
左からコンケン大学（修士）学生と日本人
学生

例年夏季休暇期間中に、タイ東北部のコンケン市において、コンケン大学工学部、日本大学理工学部、拓殖大学国際学部の3大学の学生が参加して交通計画に関する Collaborative Student Workshops（以下ワークショップ）と呼ばれる大学教育プログラムが開催されている。

タイは人口10万人あたりの交通事故による死亡者数は36.2人/年[16]となっており、世界でも2番目に高い値になっている。この数値は日本と比較すると約7倍にも相当し、深刻な社会問題となっている。交通事故の原因は、公共交通機関が未発達な地域が多いため、通勤・通学におけるバイクの使用率が高いことに起因するといわれ、アジアに共通する課題でもある。特にタイの場合はヘルメットの装着率が低いなど、安全運転に対する意識の低さも課題として指摘されている。

ワークショップは、日本大学理工学部福田敦教授とコンケン大学タネード准教授が中心となって2016年より開始された。タネード氏はアジア工科大学、日本大学福田研究室在学中より、タイの交通事故（特にバイク）を主たる研究テーマとして取り扱ってきた[17]。そこに筆者が加わり、3大学共同によるワークショップが継続されている。

ワークショップの目的は、日本とタイの学生が互いに学び合い、学術活動を実践する機会を提供することにある。近年は特にタイで多発している交通事故問題の解決に焦点を当て、交通関連の政策提言を策定することを目的としている。

ワークショップの実施日は前日の予備調査を含めて3日間である。全体を4

---

[16] 2018年の数値（WHO）
[17] 「タイの交通事故」Yordphol TANABORIBOON, Thaned ATIENNAM, IATSS Review Vol.29, No.3, 2003

**図表 10-4　各グループの研究活動の例**

| グループ A | コンケン大学の走行挙動調査による環状交差点のラウンドアバウト設計に関する考察 |
|---|---|
| グループ B | 鉄道アンダーパスの有無と交通事故発生の比較要因分析 |
| グループ C | 公共交通機関の促進のためのトランジットモールの提案 |
| グループ D | コンケンの LRT 計画案と国道 2 号間のグランドレベルの交差点の分析 |
| グループ E | コンケン大学構内の現状調査と巡回バスの利用促進提案 |

〜 5 グループに分け、参加者は**図表 10-4** に例示するようなテーマごとに現地調査・分析を行い、最終日の改善案のプレゼンテーションを英語で発表する。

　道路交通に対する知識を有している者、社会調査方法に関心がある者など専門領域の異なる学生が各グループに混在することで、多様なアイデアを交換することが可能となり、学生のモチベーションが高まる。

　初日と 2 日目の午前中は現地調査が行われる。プローブカー*18 を用いた本格的な交通調査から、事故多発地点における二輪車の挙動やコンケン大学構内に設置されたラウンドアバウト*19 における挙動の観察に主眼を置いたものなど、参加者の多様な研究の関心事項に対応したものとなっている。

　またコンケン大学人文社会学部日本語学科では、工学部以外の一般学生に対し交通動向アンケート調査を実施している。2 日目午後から分析を行うが、各グループは夜遅くまで翻訳・集計作業に追われている。そして 3 日目の午後に発表を迎える。参加学生の大半は英語による発表は初めてであるが、非常に活発な質疑応答が展開されている。

　異文化交流という言葉だけが先行している感がある昨今、本ワークショップのようにタイと日本人の学部生、大学院生が交通事故問題の解決という専門的テーマで異文化コミュニケーション能力を磨き、考え、議論し自らを鍛える機会を提供することはきわめて有益である。　　　　　　　　　　　　　（武田）

---

*18　自動車にセンサーを装置し、走行速度、位置情報等を収集し、交通流動など道路交通情報を作成するシステム。
*19　中心の島の周囲を一方向に周回し、一時停止位置や信号機がない特徴を持つ環状交差点。

# 未来への処方箋

## 国際開発の視点

　日本は 2019 年大阪で開催された G20 議長国として、国際的な教育分野の取り組み方針「G20 持続可能な開発のため人的資本投資イニシアティブ」を取りまとめた。

　人的資本への投資は、持続的な開発と包摂的な成長を達成するための基盤であるとし、特に途上国に重点を置き、SDGs で掲げた「すべての人々へ包摂的で強靱かつ革新な社会を創造するための質の高い教育を推進する」というコミットメントを確認した。同イニシアティブで具体的に提示された 3 つのアクション（視点）は以下のとおりである。

> ▶持続可能な成長を実現するための質の高い教育（乳幼児期（ECD）と発達の重要性、学びの危機の対処、持続可能な開発のための教育（ESD）等）
> ▶イノベーションを生み出す教育（科学・技術・工学・数学（STEM）分野における教育、職業技術教育・訓練（TVET）等）
> ▶強靱で包摂的な未来をつくる教育（インクルーシブ（女性・障害者等）、紛争・災害下の教育支援等）

日越大学（VJU）のキャンパス（ベトナム、ハノイ）

# 地方創生の視点

　本章では主に途上国を対象として取りまとめたが、日本の地方部も教育インフラに関しては同様に厳しい実態にあり、コロナ禍の影響を受けて改めて浮き彫りとなった課題も多い。

　地方創生における人づくりの視点は以下のとおりである。

> ▶廃校の利活用と利便性の高い学習施設の充実
> ▶コミュニティバス、デマンドバスなどの公共交通の整備および MaaS（モビリティ・アズ・ア・サービス）やUberなど新しい自動車配車サービスによる移動手段の導入
> ▶大都市への流出を防ぐ地方大学の受け入れ環境の整備と都会で学ぶ学生のUターン支援策の充実
> ▶G5、ICTを活用したオンライン授業の導入とそれを可能とする通信環境の整備

道の駅などを拠点に学生のまちづくり活動が行われている（山梨県富士川町）

# 第 **11** 章 新しい時代の インフラ開発

国境を超えた相互理解がこれまで以上に求められている（タンザニア国の道路工事現場）

**本章の目標**

## 本書のまとめとして新しい時代のインフラ開発のあり方を考える

**ターゲット**

- □ 衰えない新興国のインフラ需要の実態から必要とされる開発を理解する
- □ 国際金融機関の活動や民間部門資金（PFI）の導入状況を理解する
- □ インフラ輸出による海外のインフラプロジェクトを理解する
- □ 地方創生に向けたこれからのインフラ開発を考える
- □ 事例により東アジア経済発展とインフラ開発データの関係を考える

**SDGs**

安全な水とトイレを世界中に

エネルギーをみんなにそしてクリーンに

産業と技術革新の基盤を作ろう

住み続けられるまちづくりを

## 11-1　国際開発に向けたこれからのインフラ開発

　これからのインフラ開発は、技術面はもちろん、財源・組織など整備方策の面からも新しい取り組みが求められる。

　本章は、本書のまとめとしてこれからのインフラ開発に向けた整備方策について、グローバル化（国際開発）と国内（地方創生）の 2 つの観点から、財源、組織に焦点を当て考えてみる。また、現在予定されている国内外の有望なプロジェクトについても併せて紹介する。

　まず本節では、衰えない新興国のインフラ需要の実態および多様化する開発資金源、ADB（Asian Development Bank：アジア開発銀行）など国際金融機関の概要およびこれまでの日本の開発経験をどのように途上国へ伝えることができるのか考えてみよう。

## 1　衰えない新興国のインフラ需要

### （1）不足するインフラの資金源

　中国やインドなどアジアの新興国を中心とした世界のインフラ需要は、実際に投資できる額を遥かに上回って拡大基調にある。

　ADB が 2017 年に発表した報告によると、2016 ～ 30 年までのアジアのインフラ需要は 26 兆ドル（約 3,000 兆円）に上るといわれている[*1]。

　現在の投資額のうち、ADB など開発機関の資金はわずか 2.5% に過ぎず、各国・地域が財政改革を通じて資金を捻出し、民間資金源の活用を大幅に増やす必要性が指摘されている。ADB の推計では、中国を除いた 24 か国において**インフラ・ギャップ**（必要投資額と実際の投資額の差）が 1 年当たり 3,080 億ドルとされ、これを埋めるために民間部門の投資額を 4 倍にする必要があると試算されている[*2]。

　民間による資金を活用したインフラ整備事業を数多く手掛けている英国のコンサルタント会社プライスウォーターハウスクーパース社（PwC）による

---

[*1]　日本経済新聞 2017 年 6 月 14 日、加賀隆一、アジア経済銀行、『アジアのインフラ投資の課題』
[*2]　Asian Development Bank（2017）

図表 11-1　アジア 25 か国の 1 年当たりのインフラ・ギャップ *3

(10 億ドル、%)

| | 2015 年の実際の推計投資額 | 気候変動要因考慮前 | | | 気候変動要因考慮後 | | |
|---|---|---|---|---|---|---|---|
| | | 必要投資額 | ギャップ | ギャップの対 GDP 比率 | 必要投資額 | ギャップ | ギャップの対 GDP 比率 |
| 25 か国 | 881 | 1,211 | 330 | 1.7 | 1,340 | 459 | 2.4 |
| 中国以外の24 か国 | 195 | 457 | 262 | 4.3 | 503 | 308 | 5.0 |
| 中国 | 686 | 753 | 68 | 0.5 | 837 | 151 | 1.2 |
| インド | 118 | 230 | 112 | 4.1 | 261 | 144 | 5.3 |
| インドネシア | 23 | 70 | 47 | 4.7 | 74 | 51 | 5.1 |

と、インフラ全体の約 3 割を占める交通インフラの投資については、2014 ～ 2025 年の間に年平均 5% ずつ成長すると予測している。投資額は 2014 年の 5,570 億ドルから 2025 年には 9,000 億ドルとほぼ倍増する見込みである。

　インフラ整備の特徴の 1 つは、経済の進展に伴い、大規模な構造物・施設の整備が必要となることである。このため、長期間にわたる計画策定および建設期間を要し、多額の資金投下も併せて必要となる。

　1980 年代頃の先進国のインフラ整備においては、政府主導による巨額の公共投資が、インフラ整備の主体となっており、民間による直接投資はごくわずかな割合程度に留まっていた。しかし、当時の状況と異なり、現在の新興国の場合は、国際金融機関からの支援に加えて、諸外国からの ODA や民間資金など多様な資金源を活用した借入金も大きな割合を占めるようになっている。

　特にアジア諸国をはじめとする途上国に対する日本の ODA に果たす役割と期待は高く、現在も二国間 ODA におけるインフラ関連の占める割合は大きい。日本の二国間 ODA の分野別集計では、経済インフラ＆サービス（道路、鉄道、港湾、通信、電力）は 57.32% と半分以上を占めており、次いで社会インフラ＆サービス（教育、保健、人口政策・リプロダクティブヘルス、水と衛生、政府と市民社会など）が 15.77% とインフラ関連で 70% に及んでいる *4。

　**インフラ投資**のための資金需要を満たす主な手法としては、①政府予算による公共投資、②公共投資を支援するための ODA や国際金融機関による支援、③民間資金の活用、の 3 つがある *5。しかし、各国 ODA や国際機関の資金供

---

＊ 3　2016 ～ 2020 年までの推計値より算定、2015 年価格。Asian Development Bank（2017）より作成
＊ 4　外務省 HP
＊ 5　2016 年版通商白書

給だけでは、開発途上国のインフラ投資
に対する資金は圧倒的に不足している。

　**図表 11-2** に示すように、アジアにお
けるインフラ投資の過半数は、政府予算
によるものであり、民間による投資は 3
割弱程度に過ぎない。

　2016 年版の通商白書によると、「イン
フラ投資を必要とする多くの途上国にお
いて、公共投資の前提となる財政基盤は
脆弱であり、政府予算による公共投資は
十分とはいえない状況にある。例えば、

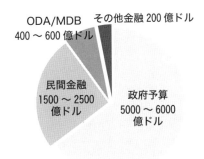

**図表 11-2　アジアにおける年間の
インフラ投資額と融資の内訳** [6]

アジア各国における政府予算による資本支出は、相対的に高いマレーシアで
も GDP 比で 5%程度であり、フィリピン、インドネシア、タイではいずれも
2 ～ 3%に止まっている。〈中略〉今後、予想される需給ギャップを埋めてい
くためには、各国の ODA や国際金融機関による資金供給に加え、途上国政府
自身がインフラ投資への財源を確保し、公共投資を増やしていくことと、途
上国における関連制度の整備や政府担当者の**キャパシティ・ビルディング**を
通じ、民間資金の活用を拡大させていくことの双方が必要とされる」と述べ
ている。

　さらに同白書では「地域別に見ると、中国以外の新興国では需要に対して
投資額が不足することが予測されており、特にインドをはじめとする南アジ
ア地域では 2014 年～ 2020 年の間では需要と投資額との間には 2,410 億ドル
のギャップが生じることが試算されている。そのほか、中南米地域でも 1,000
億ドルのインフラ投資不足が発生することが見込まれている」と指摘してい
る。

　アジア通貨危機以降の東アジア地域における公的・民間資金によるインフ
ラ整備の低迷に対して、**国際協力銀行**（**JBIC**）は「東アジアのインフラ整備：
その前進に向けて」[7]と題する調査を実施した。

　対象は経済インフラとされた電力・ガス、運輸（道路、鉄道、空港、港湾）、通信、
上下水道等である。この調査では、「東アジアでは官民のインフラ投資が、経

＊ 6　アジア・インフラファイナンス検討会中間報告書 2016 年 3 月
＊ 7　JBIC 開発金融研究所開発政策支援班国際協力銀行・世界銀行・アジア開発銀行共同調査「東アジアのインフラ
整備：その前進に向けて」東京セミナー概要報告、開発金融研究所報 2004 年 6 月第 19 号

済成長にとって極めて重要な役割を果たしてきた。同地域内外に貿易上のつながりの構築や、農村と都市部を結びつけることで、急激な経済成長の恩恵を広く行き渡らせることに貢献した。しかし、1990年代終盤の経済危機の後、インドネシアやフィリピンなどの国々では民間のインフラ投資が縮小し、その結果、何年もの間ほとんどあるいは全くインフラ投資が行われず深刻なインフラ不足が生じた。同地域内でも特に貧しいラオスやカンボジアといった国々は依然として、インフラ整備向けの民間資金をほとんど得られないでいる」[8]と途上国における当時の厳しいインフラ資金の調達事情について述べている。

　これから世界経済の安定化に向けて、途上国のインフラ需要をいかに満たしていくべきか。地域経済をけん引していく途上国のインフラの動向から目が離せない。

## （2）民間部門資金（PFI）の導入

　先進国の厳しい財政事業を背景としたODA資金伸び悩みの影響もあり、新たな財政支援の切り札として**民間部門資金**（**PFI：Private Finance Initiative**）が導入されており、インフラ建設投資においても、近年はPFIの活用事例が多くなっている。

　PFIとはインフラ整備に一部民間資金を導入する手法である。先進国では1970年代より採用されており、日本でも1997年にPFI法が成立している。内閣府ホームページではPFI法を以下のように解説している。

　「PFIは、公共施設等の建設、維持管理、運営等を民間の資金、経営能力及び技術的能力を活用して行う新しい手法です。民間の資金、経営能力、技術的能力を活用することにより、国や地方公共団体等が直接実施するよりも効率的かつ効果的に公共サービスを提供できる事業について、PFI手法で実施します。PFIの導入により、国や地方公共団体の事業コストの削減、より質の高い公共サービスの提供を目指します。〈中略〉英国など海外では、既にPFI方式による公共サービスの提供が実施されており、有料橋、鉄道、病院、学校などの公共施設等の整備等、再開発などの分野で成果を収めています。」[9]

　このようにPFIは本来なら国や地方公共団体等が直接整備・管理すべき公

---

* 8　JICAプレスリリース「東アジア、今後5年間でインフラ整備に1兆ドルが必要」2005年3月16日より引用
* 9　内閣府民間資金等活用事業推進室「PFIとは」より引用
*10　アジアのインフラ整備に対するPFIを取り扱った研究としては、常杪・井村秀文「アジアの都市環境インフラ整備における民間資金導入及び官民協力に関する研究」土木学会第30回環境システム研究論文発表会 2002年などがある。

共サービス部門に民間の資金や経営ノウハウを導入し、効率的な公共サービスを調達する方法である[*10]。

　東アジア地域において PFI を適用した具体例としては、バンコクのスカイトレインが挙げられる。バンコクは慢性的な道路交通と排気ガスによる大気汚染等に悩んでおり、過去に何度か軌道系交通機関の整備が計画されたが、財政面の問題から頓挫していた。その打開策として、スカイトレイン（BTS）[*11] が BOT(Build-Operate-Transfer：PFI の一種 ) により建設された。BOT により効率的に事業資金が集められ、1995 年の建設開始からわずか 3 年後の 1999 年に開業を迎えることができた。

## (3) 官民パートナーシップ（PPP）の導入

　JICA は円借款の活用を念頭にしたインフラ分野の PPP 事業に対する調査プロジェクトを実施している。ベトナムのロンタン新国際空港や高速道路建設などの案件が盛り込まれており、その目的を「アジアの膨大なインフラ需要に応えるには公的セクターの資金だけでは限界があるため、民間資金と円借款を組み合わせることで、より効果の高い途上国支援を実現する」としている[*12]。

　このように公共サービスの概念を拡大し、サービスの質や種類に応じて、PFI、独立行政法人化、民営化、民間委託などの方策を柔軟に適用し、公共サービス全体の効率化を図る事業形態を **PPP**（Public Private Partnership）という。

　経済産業省アジア PPP 政策研究会[*13] 報告書では、PPP を「経済成長の源泉として『市場』と『競争』を通じ、公共サービスの効率性を向上させるとともに、新たな雇用を創出し、新たなサービス産業を創出する公共サービスの民間開放のことである。その際官と民とが協働して、リスクとコストを応分に担い、例えば官がインフラを整備したり、規制ルール作りをしたりして、市場において相互的な補完を行うことが特色である」と定義している。

　PPP を途上国で実施する場合は、ODA による支援事業とは異なり、事業を公的機関ではなく民間企業・各種団体などにも開放する。その場合の民間企業には相手国側の民間企業も参加する事業展開が前提となる。

---

*11　モーチット駅 - オンヌット駅(スクムウィット線)、サナームキラーヘンチャート駅 - サパーンタークシン駅(シーロム線)
*12　柏谷亮「JICA の民間連携の紹介」2014 年
*13　経済産業省「アジア PPP 政策研究会報告書」2009 年

## (4) インフラ・ファンドによる整備

民間資金を活用した**インフラ・ファンド**によるインフラ整備も注目を集めている。ファンドには資金や基金という意味がある。基金はある目的のために準備される資金であり、インフラ・ファンドとは、インフラに対する投資を専門とするファンドの総称として使われている。こうした投資ファンドは地域向け、各国向けに設置されており、近年ではアジア向けファンドの組成が増えている。

東アジア地域の各国は歴史的・文化的に高い貯蓄率を誇っており、域内の資金は比較的潤沢である。しかし1990年代後半のアジア通貨危機以降、民間資金の域内への投資が低迷してきた。今後はこのような潜在的資金を、インフラ整備を中心としたアジア域内への投資に向け、もっぱら欧米の消費や投資に頼ってきた経済成長を域内内需の拡大に転換させ、持続的な成長を目指すことが必要である。

さらに2008年のリーマンショック、2009年の欧州経済危機以降は、欧米各国のアジア各国への民間資金投資が低下した。その反面、日本の東アジア地域インフラ整備への投資額は徐々に回復へとつながりつつある。

それでは、次に途上国のインフラ資金調達に大きな役割を果たしている国際金融機関の事業内容について概説する。

## 2 アジア開発銀行（ADB）

**アジア開発銀行**（**ADB**）は、アジア・太平洋地域における経済成長を促進させるための開発途上国への資金協力を主目的として1966年に発足した国際開発金融機関である。この金融機関の発足を促したのは **ESCAP**（Economic and Social Commission for Asia and the Pacific：アジア太平洋経済社会委員会）である。ADBの主な業務は下記の通り。

① 開発途上加盟国（途上国の加盟国）に対する資金の貸付・株式投資
② 開発プロジェクト・開発プログラムの準備・執行のための技術支援及び助言業務

③ 開発目的のための公的・民間支援の促進

④ 開発途上加盟国の開発政策調整支援等

　ADB に対する現在の出資比率は、非借入加盟国である日本とアメリカが 15.6%で筆頭、以下、借入加盟国の中国 6.4%、インド、およびヨーロッパ諸国などが続く。

　アジア地域では、近年インフラへのアクセスが向上したことで経済成長、貧困削減および人々の生活も改善している。しかし、電力、安全な飲料水や衛生施設の不足、都市の交通渋滞など依然としてインフラの質が低いことが問題となっており、生産性の損失、燃料の浪費などにより経済成長が妨げられている。

　ADB によるアジア地域における**インフラ投資需要予測調査** [14] によると、アジアにおける 15 年間のインフラ投資に占める割合は、電力 52%、交通・運輸が 35% となっており、2 部門に対する需要は特に大きい（**図表 11-3** 参照）。アジアのインフラの投資における公的資金の割合は 9 割を超えており、今後は通信や発電部門などにおいて民間部門の投資をさらに呼び込むことが期待されている。

　そこで ADB は、資金提供のみならず、豊富な経験を活かした専門能力や知識の提供、政府機関の能力強化、PPP を促進する際の法規的環境の整備支援や資本市場の育成など投資環境の整備を行い、インフラ・プロジェクトの計画・実施に関する支援を進めている。

図表 11-3　分野別インフラ投資需要予測額、45ADB 開発途上加盟国・地域、2016 〜 2030 年（単位：10 億ドル、2015 年価格） [15]

| 分野 | 基本予測額 | | | 気候変動調整済み予測額 | | | 気候変動関連投資（年間） | |
|---|---|---|---|---|---|---|---|---|
| | 投資需要 | 年間平均 | 合計費(%) | 投資需要 | 年間平均 | 合計費(%) | 適応 | 緩和 |
| 電力 | 11,689 | 779 | 51.8 | 14,731 | 982 | 56.3 | 3 | 200 |
| 交通・運輸 | 7,796 | 520 | 34.6 | 8,353 | 557 | 31.9 | 37 | - |
| 通信 | 2,279 | 152 | 10.1 | 2,279 | 152 | 8.7 | - | - |
| 水・衛生 | 787 | 52 | 3.5 | 802 | 53 | 3.1 | 1 | - |
| 合計 | 22,551 | 1,503 | 100.0 | 26,166 | 1,744 | 100.0 | 41 | 200 |

[14]　ADB Meeting Asia's Infrastructure Needs, 2017. ADB 加盟 45 か国を対象に実施した 2016 〜 2030 年までの同地域インフラの需要予測調査。
[15]　同上

またADBは**アジアインフラ・ファンド**（**AIF**）の設立の必要性を提言している。その一環として2010年4月、日本の個人・法人投資家に向けて**ウォーター・ボンド**の販売を開始した。ADBではアジア・太平洋地域が直面している水問題の解決に向けて2001年、統合的な資源管理に向けたビジョンをWater for Allとしてまとめ、その資金調達にウォーター・ファイナンシング（水融資）・プログラムを策定した。ウォーター・ボンドもその一環であり、調達された資金は、アジア太平洋地域におけるADBの水関連事業の資金に投資されている。

## 3 新開発銀行（BRICS開発銀行）

　**BRICS開発銀行**は、**新開発銀行**（New Development Bank）とも呼ばれ、BRICSの5か国（ブラジル、ロシア、インド、中国、南アフリカ）が運営する国際開発金融機関である。これは2014年に、ブラジルのフォルタレザで開かれたBRICS首脳会議において設立の最終合意に達したもので、資本金は当初500億ドルで各国が均等に出資し、最終的には1,000億ドル規模への拡大を目指している。運営面では、中国の上海に本部を設置し、初代総裁はインドのK. V. カマート氏が就任し、南アフリカにはアフリカ地域センターを設置する。

　第二次世界大戦後、長い間、欧米が主導する世界銀行や国際通貨基金などが世界経済を安定させる役割を果たしてきたが、一方で21世紀に入って新興国が著しく成長する中で、欧米との発言権の格差が埋まらないことに対して不満が募っていた。そのような背景から、既存の国際金融秩序に対抗し、途上国や新興国へのインフラ開発を独自に支援するものとして設立された。

　**BRICS**とはブラジル、ロシア、インド、中国、そして南アフリカの新興5か国を総称した呼び方である。BRICSは世界人口の41.6%、世界GDP（国内総生産）の19.8%を占めている。輸出と輸入の合計の貿易総額では6.14兆ドルとなっており、これによりBRICSの市場規模は、世界GDPの16.9%と世界最大級のマーケットとも称されている。

　これまでの既存の国際金融秩序は、途上国の開発を後押ししてきた世界銀行と国際的な通貨危機の火消し役である国際通貨基金（IMF）で構成されてい

写真 11-1　ブラジルのフォルタリザで開催された BRICS 新興 5 か国首脳会議（2014 年 7 月）において BRICS 開発銀行の設立が決まった[16]

た。BRICS 開発銀行は、これら既存の金融システムに加えて、BRICS 主導によるインフラ投資の旺盛な資金需要を満たしていこうとするものである。

## 4 アジアインフラ投資銀行

　**アジアインフラ投資銀行**（Asian Infrastructure Investment Bank：AIIB）は中国が主導して設立した国際金融機関である。2013 年に習近平国家主席がアジアのインフラ整備を支援するとして創設を提唱し、2015 年に発足した。世界 2 位の経済大国となった中国は、日米が中心に運営してきたアジア開発銀行（ADB）など既存の国際機関における発言力の向上に進展しないことに不満があり、独自の構想に動いたといわれている。

　加盟国は、2015 年発足当時は 57 か国であったが、4 年後の 2020 年末時点で 103 か国に増加している。加盟国の内訳は、設立当時はアジア域内の途上国が中心であったが、その後は英国をはじめとする欧米諸国やアフリカからの加盟国が増えた。2016 年より融資を開始し、2020 年までの 5 年間の投融資は案件を承認したベースで 108 件、累計金額は 220 億ドル（約 2 兆 2800 億円）となっている。中期的な戦略としては太陽光や風力など**クリーンエネルギー**

*16　左からロシアのウラジーミル・プーチン大統領、インドのナンドラ・モディ首相、ブラジルのジルマ・ルセフ大統領、中国の周近平（シージンペイ）国家主席、南アフリカのジャイコブ・ズマ大統領（時事通信フォト提供）

への投融資を拡充し、2025 年までに融資額の半分を気候変動問題への対応に向けるほか、2030 年までに民間セクター向けの融資をやはり半分程度投資するとしている。

　2020 年度は新型コロナ対応融資が増大したが、今後も医療や教育など社会インフラへの支援を広げる方針であり、デジタル革命の進展を踏まえて、鉄道や道路、港湾といった従来型のインフラから対象を広げる考えだ[17]。

## 5 インフラ輸出：海外で展開される大型プロジェクト

　アジアをはじめとする新興国のインフラ需要は高まっている。特に情報通信などの ICT、エネルギー、運輸交通、防災などの分野で高い技術力を誇る日本に対する期待は大きい。

　**インフラ輸出**[18] とは、鉄道や道路、あるいはエネルギー関連設備をはじめとする人々の生活の基盤となるインフラ設備を政府と民間企業が協力して他国に輸出することである。日本の先進的な設計、建設、運営、管理に至る一連の工程を 1 つのシステムとして提供し、相手国の抱える課題解決に貢献すると共に、これを契機として日本企業の海外展開や、エネルギー・鉱物資源の海外権益の確保も意図している。

　対象とするインフラは、情報通信、エネルギー、交通、都市基盤等の経済インフラ（電力、鉄道、情報通信、宇宙、農業・食品、環境、リサイクル、医療、都市開発・不動産開発、港湾、空港、水、防災、道路の計 14 分野）に加えて、新たに医療、介護ヘルスケア、農業・食品、廃棄物処理等の社会インフラが含まれている。

　日本の海外経済協力および戦略的な事業実施に向けた検討の場としては、2013 年より関係省庁による**経協インフラ戦略会議**を開催している。途上国は厳しい財政事情を背景として、インフラの整備費用を捻出できない場合が多い。そこで、円借款事業、無償資金協力や制度支援などの ODA に加え、官民連携（PPP）による民間企業の投資も様々な手法で支援している。

　総理大臣や国土交通省などの担当大臣は、戦略に基づき相手国の政府に直接インフラ技術を売り込むトップセールスを展開し、大型案件の受注を目指

---

*17　「アジア投資銀、投融資の 5 割を環境関連に 25 年目標」日本経済新聞、2021 年 1 月 13 日
*18　インフラビジネスともいわれる。

している。2018 年の受注実績は、約 25 兆円を達成するなど増加基調を維持している [19]。

　一見すると順調にも見えるインフラ輸出であるが、近年はインフラ海外展開を取り巻く環境の変化が著しい。また新型コロナウイルスの感染拡大への対応を機に、医療・保健や教育体制の充実、サプライチェーンの強靭化、社会の変革やデジタル化や脱炭素化社会の実現など従来とは異なる新たなインフラニーズに応えていく必要が生じている。

　**インフラシステム海外展開戦略 2025** では、日本企業の海外進出形態が輸出から投資へと変遷してきた流れや、インフラ分野がサービスやソリューション提供に付加価値の源泉がシフトしてきたという流れを踏まえ、官民連携の下、日本企業による 2025 年の受注目標を、2010 年の 10 兆円を基準として 3 倍超となる 34 兆円とすることを掲げている [20]。本戦略で掲げる目標は次の 3 点となっている。

①カーボンニュートラル（脱炭素化）、デジタル変革への対応等を通じた、産業競争力の向上による経済成長の実現
②相手国の社会課題解決・SDGs 達成への貢献
③質の高いインフラの海外展開の推進を通じた、**自由で開かれたインド太平洋の実現**等の外交課題への対応

　近年は特に東南アジアの大都市で、**都市鉄道**の整備が急速に進んでいる。主な案件としては、マニラ、バンコク（レッドライン）、ホーチミンの都市鉄道や清水建設が工事に参加したジャカルタの地下鉄事業（2019 年 3 月開業）などがある。コロナ禍で落ち込む景気の浮揚策としても注目されており、今後はさらに大規模プロジェクトが増える可能性もある [21]。

　例えばスリランカでは、日本は 137 億円の円借款を供与し、ISDB-T（日本方式）の地上テレビ放送デジタル化事業のために、送信所の新設、および字幕放送・多言語放送や防災情報の提供に資するスタジオ関連機材の整備を支援する。本事業は、当初は欧州方式の地デジ放送導入が決まっていたが、最終的にはワンセグ技術に強みを持つ日本方式が採用された経緯がある。NEC や東芝などの製品・技術の導入により、日本企業の商機拡大も期待される [22]。

*19　インフラシステム海外展開戦略 2025（経協インフラ戦略会議）2020 年
*20　輸出のみならず海外現地法人への出資を通じた売上高を用いる。
*21　『日本「質の高さ」で勝負、中国「低コスト」で攻勢…鉄道の受注競争激化』読売新聞 2021 年 4 月 3 日朝刊
*22　デジタル信号は伝達方式の違いによって日本、欧州、米国、中国の 4 方式が主な国際規格となる。『スリラン

写真 11-2　ホーチミン都市鉄道の建設工事

　今後の課題としては、多様・複雑化する投資リスクへの対応、現地政府・機関や企業との効果的な連携、中国企業など低価格の受注競争に対抗していかに高品質のインフラを売り込むのかという点である。

## 6 日本の経験をどのように途上国へ伝えるのか

　本節の最後に日本の経験をどのように途上国へ伝えることができるのか。識者の提言を 2 つ紹介する。

　吉田は「日本の経験の開発途上国への示唆」[23] の中で「長期インフラ需要予測における発展局面認識の重要性、インフラ技術移転政策と自立化政策の重要性、広域的視野からのインフラ整備の必要性、インフラ整備の制度の変遷からの教訓、インフラ部門間投資配分システムからの教訓」などが、日本が途上国に提示し得る大きな教訓事例だとしている。

　他分野にわたる幅広い視点に加えて、予算などの制約条件を抱えつつも経済発展に応じて段階的に施設整備を図ってきた日本の知見と経験は同じような経済発展の軌跡を描いている途上国にとっても大いに参考になろう。

　また福田は「経験を生かせないか」の中で、「日本が世界銀行から融資を得

カに地デジ供与』読売新聞 2021 年 5 月 1 日夕刊
*23　吉田恒昭「経済発展とインフラ整備－日本の経験と開発途上国」国際開発学 I、東洋経済新報社、2000 年

て東名・名神高速道路の建設に着手した当時、タイ政府も度々道路建設のための融資の要請を世界銀行に出していたが、得ることができなかった。〈中略〉開発援助にかかわる人はいわば今日の『お雇い外国人である』日本の一寸した幸運がなくなってしまった時に、開発援助が何をなしたかが重要な意味を持つであろう」[24] としている。

　日本が経済を牽引してきた実績はもとより、敗戦後様々な苦難を乗り越えてより良い社会の構築を目指し試行錯誤を繰り返してきた経験は、現在国造りの真っただ中にある新興国や多くの途上国にとって有意義な事例になると考える。

　そのためには、日本の経済・社会の発展、およびそれを可能にしたインフラ整備の様々な経験や記録をデータベースやアーカイブ化するなど次世代に引き継ぐ資産として整備していくことが重要である。これにより、新しい時代に向けて、途上国と共にこれからのインフラのあり方を考える契機となると思われる。

## 11-2　地方創生に向けたこれからのインフラ開発

　地方創生は、地方の人口減少に歯止めをかけ、社会の活力を維持する施策を推進するため 2014 年に打ち出した日本政府の重要課題である。今後は、行政だけでなく、住民も主体的にインフラ開発の計画や事業に参画するなど、官民連携してまちづくり事業を推進していくことがますます重要となる。

　本節では、地方創生の観点からも重要な国内の主要インフラプロジェクトについて紹介する。

　地方創生において最も深刻な問題は、大都市、特に東京圏への一極集中である。不便な地方部だからこそ、新たなる交通ネットワークの構築や効率的なエネルギー施設の整備、地方を活性化させる事業実施が求められている。

　またインフラの効果は、雇用を創出し、所得の増大による消費拡大など、短期的に需要を下支えし、支出以上に GDP を押し上げる効果（**フローの効果**）と、インフラ本来の効果として、移動時間の短縮や輸送費の削減等を通じて、

---

*24　福田敦「論説ー経験を生かせないか」交通工学 Vol.37,No.4, 交通工学研究会、2002 年

社会の生産性向上をもたらす効果（**ストック効果**）がある。

　現在、日本は、人口減少・少子高齢化の進行により、社会構造の歴史的な転換期を迎えている。労働人口が減少する中、経済が持続的な成長を遂げるためには、生産性の向上は喫緊の課題となっており、インフラに期待される役割は大きい。

## 1 リニア中央新幹線

　近年最も注目を浴びている首都圏と地方部を結ぶ国内のインフラ開発といえば、もちろん**リニア中央新幹線**[25]である。

　旧国鉄が超高速鉄道の建設計画を公表したのは昭和45年（1970年）「鉄道の近代化に関する世界鉄道首脳者会議」においてであった。それから、約50

リニア中央新幹線

図表11-4　リニア中央新幹線のルートと駅所在地[26]

---

*25　詳細はリニア中央新幹線HP（東海旅客鉄道株式会社）を参照
*26　神奈川県庁HP

年経った現在、リニア中央新幹線は、最高時速 500km で品川ー名古屋間を 40 分で結ぶもので、総工費は約 7 兆円、2014 年から着工されている。今世紀最大の超巨大プロジェクトともいわれている。開業予定は 2027 年 [27]、将来的には大阪まで延伸することが計画されており、完成後は品川ー大阪間が 67 分で結ばれる。大阪開業による経済効果は 17 兆円に上るといわれている。

　リニア中央新幹線は、東海道新幹線のバイパスとして、東海道新幹線の飽和状態を緩和することが主目的である。JR 東海の試算によれば大阪開業の暁にはリニア中央新幹線に東海道新幹線から半分以上も旅客が移行するとしている。

　また現在およそ鉄道 8：航空 2 となっている東京―大阪間のシェアも相当数が鉄道（リニア）に流れると想定される。一見すると国内線はリニアにシェアが奪われる形だが、飽和状態にあった羽田空港にも余裕ができ、多くの国際線、国内線の発着が可能になるなど、長期的に考えればよい方向性が見いだせる。

## 2 東日本復興支援

　2011 年に発生した東日本大震災からすでに 10 年の歳月を経た。政府が定めた復興期間（10 年間）を通じて、被災地では、鉄道、道路の整備、土地のかさ上げや造成工事などが進められてきた。主な公共インフラの本格復旧・復興の進捗状況は、2021 年 1 月末時点で**図表 11-5** のとおりである。

図表 11-5　主な公共インフラの本格復旧・復興の進捗状況 [28]

| No | 項目 | 進捗率 |
|---|---|---|
| 1 | 民間住宅等用宅地（防災集団移転促進事業、土地区画整理事業、漁業集落防災機能強化事業） | 完了率 100%（戸数） |
| 2 | 海岸対策（本復旧・復興工事に着工した地区海岸、本復旧・復興工事が完了した地区海岸の割合） | 78%（完了） |
| 3 | 交通網（道路）（復興道路・復興支援道路）着工済延長 570km | 85%（完了） |
| 4 | 交通網（鉄道）運行を再開した路線延長の割合 2.350km | 100%（完了） |
| 5 | 復興まちづくり（津波復興拠点整備事業）計画地区数 24 | 100%（完了） |

*27　南アルプストンネル静岡工区の工事が進捗しておらず、2027 年開業は難しくなっている。
*28　2021 年 1 月末時点、復興庁データより編集

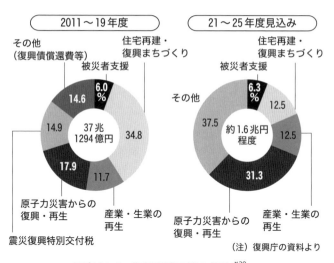

（注）復興庁の資料より

図表 11-6　復興関連予算の使途 [29]

　本震災の直接の被害額 16 兆円に対し、政府は復興期間に**復興予算**約 37 兆円を投入した。このうち約 4 割は住宅再建・道路などのインフラ再建に支出され、高台移転（土地の造成）事業も完了した。このようにハード面での復興は着実に進んでいる。

　一方で、被災地の人口減少は深刻である。岩手、宮城、福島 3 県の沿岸と東京電力福島第一原発周辺の計 42 市町村の人口を 2010 年（震災前）と 2019 年の総務省のデータで比較すると、全世代の合計で約 9 万 5,000 人の人口減、復興の担い手となる 14 歳までの子どもは約 5 万人（14.3%）減っている。

　災害公営住宅での生活が長引く中、集団移転後のコミュニティ支援などが欠かせない。今後はこれまで主にインフラ整備に使われた東日本大震災復興交付金が廃止される一方、被災者の心のケアなどに充てられる被災者支援総合交付金は継続される。

　今後の東北復興に向けては、定住者の帰還、定着を図るとともに [30]、整備された地域やまちにかつての活気や賑わいが戻るようなソフト面の生活・産業支援、仕事や観光で被災地を訪れる交流・関係人口を増やすような取り組み施策も重要になる。

---

*29　日本経済新聞 2021 年 3 月 11 日
*30　読売新聞 2020 年 3 月 11 日「社説：大震災 9 年整備された基盤を生かしたい」によると、国土交通省が 2019 年に行った被災 3 県の土地区画整理事業の調査では、約 35% が未利用地だった。造成に時間がかかり、避難先で暮らす地権者が、元の土地での生活再建を諦めた例が多い。

## 3 老朽化するインフラの維持管理

　2012 年、山梨県大月市笹子町の中央自動車道上り線笹子トンネルで天井板のコンクリート板が約 130m の区間にわたって落下し、走行中の車複数台が巻き込まれて死傷者が出る事故が発生した。さらに 2018 年には、大阪北部地震により小学生の子が崩落してきたブロック塀の下敷きになるという事故も発生している。このように、現在は高度成長期に建設された橋梁やトンネルなど既存**インフラの老朽化**が進行しており、その維持管理をどのように進めていくべきか、深刻な問題となっている。

　このような老朽化対策に関する政府全体の取り組みとしては、2013 年に**インフラ長寿命化基本計画**がとりまとめられた。これにより、国、自治体レベルで行動計画の策定を進め、全国のあらゆるインフラの安全性向上と効率的な維持管理を実現することを目指している。3 つのキーワードは**公共施設の管理、まちづくり、国土の強靭化**である[31]。

　一方で日本の公共投資額は長く減少基調にある。日本における公共事業関係費の予算は、1998 年度の 14.9 兆円をピークに減少基調にあり、2021 年度には 6.1 兆円と、半分以下の水準に落ち込んでいる。少子高齢化や長引く不況の影響などにより、予算の多くが社会保障関係費に回され、社会インフラ整備に充てる分は縮小、抑制されているのが現状だ。建設、土木関係の人手不足もあり、必要な修繕、補修が技術的に十分に施されていない箇所もある。

　**インフラの維持管理・更新費**は、2018 年度で 5.2 兆円となっているが、2028 年度（10 年後）には 1.2 倍の約 5.8 ～ 6.4 兆円に上ると増化傾向が予測されている[32]。特に高速道路の場合、開通から 30 年以上の区間がすでに 4 割を超えており、10 年後は 6 割超になる見通しである。全国の橋やトンネルなど 77 万か所のうち、およそ 1 割の約 8 万か所で 5 年以内に補修する必要があると判定されるなど、地方自治体も中小橋梁や上下水道を含め、負担はますます大きくなっている。

　経費削減のため、宮城県は、上下水道と工業用水の運営に関し、特定の地理的範囲や事業範囲を対象として、事業者（自治体の水道局や管理組織など）が

---

*31　「官民連携で実現する地方創生」日経新聞 2020 年 3 月 13 日
*32　社会資本の老朽化対策情報ポータルサイトインフラメンテナンス情報

免許や契約によって独占的な営業権を民間企業・組織に与えて実施する事業であるコンセッション方式で担う事業実施を検討している。

　県が行っている水道事業のうち、2つの水道用水供給事業、3つの工業用水道事業、4つの流域下水道事業に合計9の運営権を設定し、同一の事業者が運営するものである。県はこれを「みやぎ型管理運営方式」と呼んでおり、9事業合計で約247億円のコスト削減効果（事業期間：20年間）を見込む。また、県では民間事業者による新たな運営方法の確立や価値の創出、その知見が全国の課題解決モデルとなることに期待するという。

　このように財源、人材不足が加速化する中、公共施設の統廃合・集約化が求められる。そこで簡易型の監視カメラや、ドローン、走行型ロボットなどICTの技術も活用し、これらのアセット（資産）を効率的にメンテナンスする施策の導入が求められている。

# 4 スマートシティ

　人口が減少するとコミュニティの弱体化と行政サービスの低下が懸念される。これらの課題に対応し魅力ある都市機能を創出する手段としてSociety5.0や**スマート化**（デジタル化）が注目されている。

　例えば、将来予測の精度の向上に従い、リアルタイムの予測やシミュレーションによる施設管理の最適化も実現されるなど、Society5.0は、まちづくりに大きなインパクトをもたらすことが期待される。このように**スマートシティ**とは、持続可能性の観点から生活環境に配慮し、デジタル（IoT）によりエネルギーや生活インフラの管理に有効活用する都市の整備方法である。

　2019年に閣議決定された**成長戦略実行計画**では、まちづくりの基本コンセプトとして、AI、IoTなどの先端技術やビッグデータを活用したスマートシティが位置づけられている。翌年はコロナ禍の影響によりリモートワークなどの新しい働き方が定着してきたこともあり、国はその取り組みをさらに加速化していきたい意向である。

　国土交通省では、2019年より先駆的で早期に社会実装が見込まれるスマートシティの取り組み事業を支援しており、「先行モデルプロジェクト」および

「重点事業化推進プロジェクト」を全国の牽引役となる先駆的なモデル事業として選定している [33]。

　このようにスマートシティに向けた事業は始動したばかりであるが、これまで多くの事業を手掛けてきた長野県塩尻市の取り組みを紹介する。

　長野県中央部に隣接する塩尻市は人口 6 万人程度であるが、全国でも有数の情報通信基盤が整備された自治体として知られており、ICT 先端都市として行政イノベーションを目指している [34]。市の職員が中心となって 1996 年に自ら始めた市営のプロバイダ事業を皮切りに、光ファイバー網の整備、信州大学と連携した地域児童見守りシステムの開発・設置を行い、市内に張り巡らされたアドホック通信網を駆使したセンターネットワーク事業を立ち上げている。

　塩尻市は独自のネットワーク網を活用して様々な行政サービスを行っており、そのうちの 1 つが鳥獣対策の見張りシステムである。総務省が実施したICT 街づくり推進事業も活用して実施している本事業は、水田周辺に獣検知センサーや罠捕獲センサーを設置するものである。センサーが獣を検知すると、①サイレン音やフラッシュ光で獣を追い払うとともに、②検知情報がクラウドを介して農家や猟友会に地図付のメールで配信され、迅速な追い払いや捕獲に寄与している [35]。この他の行政サービスとしては、①豪雨後の土中水分の推移、②湿度環境データの観測数値化、③橋梁の振動計測などがある。

　さらに塩尻市では、塩尻 MaaS プロジェクトの一環として**塩尻型次世代モビリティサービス実証プロジェクト**を実施している。本プロジェクトは、運

写真 11-3　自動運転実証実験の車両（塩尻市提供）

---

[33]　初年度の 2019 年度は、埼玉県毛呂山町の自動運転バスの社会実装など計 31 事業が選定された。
[34]　塩尻市のスマートシティへの取り組みは、2015 年国際電気通信連合（ITU）の選ぶ世界のトップ 21 都市に選出された。
[35]　対象地区の稲作面積 27ha のうち設置前の被害面積は 85% であったが、設置 2 年後は 0% に激減した。

写真 11-4　オンデマンドバス「のるーと塩尻」
（塩尻市提供）

転手の人手不足、高齢者等交通弱者に対する支援策として、持続性の高い交通体系の構築を目指す取り組みであり、オンデマンドバスと自動運転を組み合わせた実証実験や体制構築を進める。実証実験は**①タクシー（乗用車）型自動運転車両の走行、②バス型自動運転車両の走行、③ AI 活用型オンデマンドバス「のるーと塩尻」**に取り組んだ[*36]。

　このうち、AI 活用型オンデマンドバス事業は、利用者が乗りたい時にアプリや電話で呼べる新しい乗合バスサービスであり、AI（人工知能）が乗合状況や道路状況に応じて、適宜効率的なルートを作り運行した[*37]。実証運行を1か月行い、利用した市民からのアンケート集計・分析結果も参考に、社会実装に向けた検討を進めていく。

　地方は様々な問題を抱えており、制約条件も多く、デジタル化を展開するための課題は多い。しかし自動運転の実証実験に見るように、地方は新しい技術を導入する際の社会的な障壁が低く、住民の抵抗も少ない。実験する場所の確保も都会より容易である。なにより、リモートでも機能を発揮するデジタル化技術は地方創生と相性が良い。

　人手不足を解消する手段として、デジタル化をいかに社会に実装していくか。これからの地方活性化には、スマートシティに対する取り組み度合いが大きく影響を及ぼすであろう。

　デジタル技術による新たな都市機能を行政単独で社会実装することは困難である。このため期待されるサービスに応えるには、官民連携・産学官連携のための関係構築が必要不可欠である。さらに、デジタル化が困難な地域住民や地域事業者に対してサービス格差が発生しないように、行政が主体となってデジタルデバイド（情報格差）対策に取り組むことも重要な要素である。

---

[*36]　塩尻市 HP
[*37]　オンデマンドバス「のるーと塩尻」は、乗りたい時にアプリや電話で呼べる乗合バスサービスで、将来は市民の通勤・通学、買い物や通院などのサービスに提供する予定。

# 事例研究　*東アジア経済発展とインフラ開発データ*

## ●経済発展の黎明期より 1990 年代初頭まで

　東アジア各国、特に ASEAN 諸国における主要インフラは、1970 年代に構想・計画策定され、飛躍的な経済発展を遂げる 1980 〜 90 年代に相次いで竣工・供用が開始された。

　近年は交通関連インフラに関する大型プロジェクトが目白押しである。韓国の仁川新空港、タイのスワンナブーム新空港、香港のチェックラップ新空港などアジア地域内の中核ハブ空港を目指した大規模空港の開港が相次いだ。他にも韓国、台湾、中国における高速鉄道の建設、上海やバンコクなどの大規模な港湾拡張計画などが実現されており、交通インフラの拡充は、東アジアの経済発展を後押ししている。

　さらにアジアでは、朝鮮戦争やベトナム戦争による影響も無視できない。資材の輸送に伴い、当該国や近隣諸国への道路、港湾、空港などのインフラ整備が急速に進み、結果的にこれらの施設がその後の経済発展に大いに寄与した国もある。

　一方、吉田の「経済発展とインフラ整備のマクロ的相関関係の実証分析や開発途上国におけるインフラ整備のための長期的な資源配分理論的実証的研究は少ない」[38] の指摘があるように、インフラ整備が、その国の経済に与える影響分析については、1990 年代中期まではあまり行われてこなかった。もちろんミクロなレベルでは個々のプロジェクトごとに費用便益分析が綿密に行われていたが、一国の経済成長との関連性を捉えたマクロ的な視点に乏しく、もとよりデータの不備も一因である。

## ● 1990 年代後半から MDGs の目標設定に至るまで

　1990 年代後半以降になると、インフラの整備が経済へ与える影響や効果を定量的に把握、分析することが、資金調達などの開発援助的側面から重要度を増してきた。これにより、経済発展の背景とインフラとの関連性のメカニズムを解き明かそうとする試みが、国際機関および開発経済学の分野に関わる研究者による評価分析により議論され、多数の論文、研究によって実証的な分析が試みられている。

---

[38]　吉田恒昭「経済発展とインフラ整備－日本の経験と開発途上国」18 章、国際開発学Ⅰ、東洋経済新報社 2000 年（前掲）

1998 年にまとめられた ODA 評価研究会報告 [*39] によると、交通・運輸分野の ODA 案件がもたらした影響を以下のように述べている。

　運輸・交通インフラ全体では「輸送力の充実は、経済活動の範囲を広げ、マクロ経済の活性化につながっている」。道路整備に関して「道路整備は物流の増大・人の移動を促進し、経済の活動の広がりと増加につながってきたことが、多くの成功事例によりはっきりした」。港湾に関しては「物流量の増大により、輸出を通じた外貨獲得等さまざまな正の経済的便益が生じている」。また交通・運輸関連のインフラが経済発展に対して重要であることを示しているだけではなく、その整備を先行させることが重要で、さらに発展の度合いを見計らって投資を継続させることが持続的発展に必要不可欠であると指摘している。

　例えばインドネシア、ジャカルタのスハルトハッタイ国際空港は急激な利用者増に空港施設（インフラ）が対応できず、すでに処理能力をオーバーしてしまい、インドネシアにとって重要なジャカルタ都市圏の経済活動の足かせになっているとの指摘 [*40] もある。またこのような事態は今後の発展が予想される他の国々でも容易に予測ができ、それを見込んだインフラ整備が望まれるとしている。

　SDGs に先駆けて、開発分野における国際社会共通の目標を初めて定めたミレニアム開発目標（MDGs）の存在も、このような分析例の増加に大きく関連した。MDGs では極度の貧困と飢餓の撲滅など、2015 年までに達成すべき 8 つの目標を掲げ、その冒頭で目標達成にはインフラが果たすべき役割は大きいと明記していた。

●東アジア交通統計整備に関する新たな動き

　インフラの中でも交通関連インフラは経済発展を支える最も基本的なインフラである。したがって、これに関連する交通統計データの整備は、特に途上国において重要である。しかし多くの途上国は、この交通関連統計環境が貧弱でもある。それは統計を収集する環境が未整備であるからに他ならない。東アジア地域も例外ではない。

　こうした中、日本と ASEAN の貿易・投資を促進し、緊密な経済関係を形成するため、東アジア地域における日本の関係強化の一環として、「日 ASEAN 交通連携基本枠組」が 2004 年に構築された。これにより、経済活動を支える交通分野の連携を推進することとなった（第 3 章参照）。

---

*39　世界経営協議会・外務省委託研究、ＯＤＡ評価研究会報告書（座長：絵所秀紀）『事後評価分野別分析からの教訓』1998 年
*40　経済産業省、平成 23 年度民活インフラ案件形成等調査「インドネシア・ジャカルタスカルノハッタ国際空港拡張事業調査」報告書、2011 年

　その枠組みの１つとして日 ASEAN 交通連携プログラム（AJTP）が国土交通省、（社）海外運輸協力協会（JTCA）により立ち上げられた。その中核をなすのが**情報プラットフォーム事業**であり、交通統計整備とデータベース化、ウェブサイトにおける公表などが盛り込まれている。この情報プラットフォーム事業は、単に各国にデータの提供を求めるだけではなく、ASEAN 各国のうち交通統計整備が遅れている国々（カンボジア、ラオス、ミャンマー、ベトナムなどのいわゆる CLMV 諸国）のデータ集計システム構築を支援することも目的に含まれている。

　AJTP における共通テンプレートの整備は 2007 年度より行われている。AJTP における共通テンプレートを介して交通統計を整備することのメリットを**表 11-7** に整理する。他国との比較の容易化・明確化のために、日本は国際比較を行う上において特に重要な統計の整備をサポートしていく方針である。

　筆者は 2011 年より４年間にわたり、AJTP プロジェクトのデータ検証および基礎的分析を実施するという立場から参画していた。各国から提出したデータの妥当性はあるのかについて検証するため、主要な項目について国際機関（世界銀行の World Development Indicators、International Road Federation：IATA 等）の統計との整合性を分析した。しかしその結果、少なくない相違点、乖離が明らかとなった。

　この状況を 2011 年の会議で報告し、各国の代表者とともに議論した結果、各国の国際規格に対する調査項目や基準の相違が主な要因であり、アジア各国の交通運輸インフラの特質（例えばバス・タクシーなど）について再定義することができた。　　　　　　　　　　　　　　　　　　　　　　　　　　　（武田）

**表 11-7　共通テンプレート開発のメリット**

| | |
|---|---|
| ASEAN 各国としてのメリット | ①国との比較の容易化・明確化<br>・自国の政策課題の明確化<br>・交通インフラ整備に関する政策立案の容易化<br>②情報公開による海外投資呼び込みの促進 |
| ASEAN 全体としてのメリット | ③ＡＳＥＡＮの経済連携促進に向けた全体政策立案の容易化 |

# おわりに

　筆者が最初に就職した会社の就職試験小論文のタイトルは「開発と破壊」だったと記憶している。私は開発とはすなわち建設行為であるとし、社会科学の命題である「社会問題の解決」実現のためには欠かせない行為であり、開発と破壊は立場や考え方によって決まると書いた。当時はこの会社に一生奉職すると決めていたので、不利にならないように考慮して、「開発」が我が国においてはネガティブなイメージを持つ言葉であることは一切書かなかった。入社後尋ねたら、書いても不利な扱いにはならなかったらしいが。

　その後前職の大学に転職し「国際開発」なる言葉に出会い、ご縁があって現職（当時の学部名は国際開発学部）に移籍し、「国際開発」を学ぶことを志願してきた学生と出会った。不思議なことに「開発」に「国際」がつくことでネガティブなイメージが一掃されるらしく、特に一期生の学生は「開発」という言葉に非常に好意的であった。そこで「国際開発」という言葉が持つ意味を、オープンキャンパスを中心として高校生にアンケート調査を実施、その秋に開催された国際開発学会で代表者が（学部１年生であるにも関わらず）発表した。そのセッションには学会重鎮が多く集まっていたことが印象的であった。このように多くの学生は非常に積極的であり、将来有望であると確信した。しかし２つの大きな違和感もあった。

　まず、彼らは当時世界最高であった日本のODAをはじめとした「国際協力の枠組み」の「国際開発」に興味の大半が集中していたのである。私は学生時代にダイナミックに変貌するアジアの各都市や同世代の学生の優秀さを実感していた。一方で急激な都市化の弊害や地方との格差も実感していた。したがって、「開発」に国内も海外も関係なく、むしろ共通認識をもって問題解決に当たらなければならないと考えていた。当時よりも海外の情報入手や学生との交流の機会は格段に増えた。しかし彼らの国際開発は、自分たちは常に援助する側に固定されており、国際協力の実践＝援助なのである。なぜ海外の援助でなければ「国際開発」にならないのか？

　もう１つは「自分は文系」という意識である。数学とはおおよそすべての科学の基礎となるべき学問だが、初等中等教育ではその知識が将来何に使われるかの説明がないまま、広範な範囲が科目に落とし込まれ、やがて難解な数学からの逃避・受け入れ先としての文系を選択しているのだ。大学で例えばプロジェクトマネージメントに興味を示し、その実践には分析が欠かせないことがわかっても、数学に対する苦手意識が根強い。初歩の分析理論の理解にはさほど高度な数学知識は必要なく、

中学数学で十分であるにもかかわらず忌避するのである。中には一念発起し、理系の牙城でもある私の前職研究室への大学院進学を果たした学生もいるが、国際協力の進路・就職に対して不利になるケースもあった。

　さらに社会問題の解決に資する社会基盤＝インフラストラクチャーの整備といった視点が、文系を自認している学生さんには入学時点ではほとんど欠けているのである。人的交流はもちろん大事だが、今日のアジアの開発課題の大半はインフラ供給不足に起因している。

　これらの違和感に対する答えの１つが本書である。共著者の徳永達己先生は住民参加型インフラ整備工法である LBT（Labour based Technology）の共同研究者であり、日本の地方と途上国の地方の環境は類似しているという共通認識を持っている。担当されているプロジェクトマネージメントには多くの学生が興味を示し、その実践に分析が欠かせないことを強調されているが、私が担当する分析科目の受講にはなかなか結びつかない。そこで多くの共同執筆者諸氏とも協力し、インフラ全体を俯瞰して解説し、難解な数式を極力避けて、初歩的分析理論の理解につなげようとしたのが本書である。

　現在、私は JICA の長期専門家派遣で本文中にも登場した日越大学社会基盤専攻に出向中である。エンジニアリング学部でも、環境系の学部・専攻にはいわゆる文系学部と認識して入学する学生も多い。社会基盤専攻はもちろん、他の多くの学生のために本書の英語版を出したいと考える今日この頃である。

　　2021 年 6 月

ハノイ日越大学オフィスにて

武田　晋一

# 参考文献

## 1章

川上雅彦「CSR・SRI の現状─欧米と日本における取組状況とその背景─」『経済産業研究所：企業の社会的責任と新たな資金の流れに関する研究会』2003 年 4 月

井上昌美「CSR 企業の活動に寄与する CSR コミュニケーション」『日本経営倫理学会誌』第 25 号、2018 年

Porter, Michael E. "Creating Shared value as Business Strategy," Shared Value Leadership Summit, May 2013.

高橋一生「持続可能な開発目標（SDGs）の思想的背景と現実的課題」平和政策研究所『政策オピニオン』第 47 号、2016 年 11 月

「SDGs ビジネスの可能性とルール形成　最終報告書」デロイトトーマツコンサルティング合同会社、2017 年 12 月

日立東大ラボ『Society 5.0 人間中心の超スマート社会』日本経済新聞社、2018 年 10 月

佐原隆幸・徳永達己『国際協力アクティブ・ラーニング』弘文堂、2016 年

徳永達己『地方創生における大学に期待される役割および学生まちづくり活動の潜在的な可能性評価に関する考察』拓殖大学・国際開発学研究第 20 巻 1 号、2021 年

## 2章

「社会資本整備を巡る現状と課題」財務省主計局、2014 年 10 月

金子彰「発展途上国における運輸交通に関する法制度形成のための協力についての一考察」東洋大学、2013 年

武藤博己『行政学叢書 10　道路行政』東京大学出版会、2008 年

石川裕康『インフラが朽ちる「危機」を PFI で乗り越える』みずほ総合研究所、2013 年

国土交通省編『令和 3 年度版国土交通白書』2021 年

徳永達己『地方創生の切り札 LBT』大空出版、2017 年

## 3章

徳永達己・武田 晋一『地方創生に向けた住民参加型インフラ整備工法の適用可能性に関する研究：─国内の事例検証および産業連関表による事業効果分析を通じて─』国際開発学会・国際開発研究第 26 巻 2 号、2017 年

東京大学教養学部統計学教室編『人文・社会科学の統計学』1994 年

森杉寿芳・宮城俊彦編『都市交通プロジェクトの評価─例題と演習─』1996 年

小長谷一之・前川知史編『経済効果入門─地域活性化・企画立案・政策評価のツール─』2012 年

宍戸駿太郎監修／環太平洋産業連関分析学会編『産業連関分析ハンドブック』2010 年

**4 章**

都市計画教育研究会編『都市計画教科書』第三版、彰国社、2001 年

徳永達己「開発途上国における都市問題の構造と都市計画制度に関する技術協力の研究」東京
　　海洋大学大学院・博士課程・学位論文、2006 年

新谷洋二・高橋洋二・岸井隆幸『土木系大学講義シリーズ 17　都市計画』改訂版、コロナ社、
　　2001 年

片寄俊秀『まちづくり道場へようこそ』学芸出版社、2005 年

西村幸夫編『まちづくり学―アイディアから実現までのプロセス―』朝倉書店、2007 年

徳永達己・永見豊・工藤芳彰監修『実践まちづくり学！―地域×大学生が未来をひらく―』大
　　空出版、2019 年


**5 章**

M. モリッシュ著／保科秀明訳「交通：空間の絆」『第三世界の開発問題』古今書院、1983 年

吉田恒昭「ひとびとの希望を叶えるインフラへ」『月間 JICA』2004 年 5 月

「人々のためのインフラ、インフラが開く可能性」『月間 JICA』2007 年 10 月


**6 章**

鈴木猛康編『防災工学』理工図書、2019 年


**7 章**

種田明『近代技術と社会』山川出版社、2003 年

SCE・Net 編『図解新エネルギーのすべて』改訂第 3 版、丸善出版、2011 年

高橋義明『通信のしくみ』新星出版社、2012 年

谷口功『よくわかる最新通信の基本としくみ』秀和システム、2011 年

World Bank Report,"Thailand: Sustainable Energy Policies Project,"2012.

Singh, Jas & Caro Mulholland,"DSM in Thailand: a case study,"World Bank Working Paper, 2004.

JICA「平成 10 年度 JICA-OECF 合同評価調査　タイ王国東部臨海開発」1999 年

坂本茂樹「タイ・マレーシア：国営石油企業のガスを巡る海外進出と発電用燃料の選択」石油
　　天然ガス・金属鉱物資源機構『資源情報』2011 年

下村恭民・角川浩二・高橋良晴・小田島健「タイ・マクロ経済調査報告書　海外からの直接投
　　資の急増はどのような変化を引き起こしたか」海外経済協力基金、1990 年

武田晋一「1975 ～ 2000 年アジア産業構造の推移比較―スカイライングラフによる分析を中心
　　として―」『イノベーション＆ IO テクニーク』14 巻 3 号、2006 年

尾崎巌「産業連関とは何か（IV）単位経済系とエネルギー効率」『イノベーション＆ I-O テクニー
　　ク』1 巻 4 号、1990 年


**8 章**

田代洋一『新版農業問題』大月書店、2003 年

井熊均・三輪泰史『図解グローバル農業ビジネス　新興国戦略が開く日本農業の可能性』日刊
　　工業新聞
農業農村工学会『水土を拓く―知の連環―』農山漁村文化協会、2009 年

**9 章**
国際協力事業団無償資金協力調査部監修「無償資金協力　地下水開発案件に係る基本設計調査
　　ガイドライン／用語集」財団法人日本国際協力システム、1996 年
外務省編「2017 年版　開発協力白書　日本の国際協力」2018 年

**10 章**
吉田恒明「社会インフラ論（基礎）講義資料」拓殖大学国際開発学部、2002 年
国際協力機構・国際協力総合研修所「日本の共育経験―途上国の教育開発を考える―」2003 年
文部省編「日本の成長と教育」1965 年
萱島信子・黒田一雄編『日本の国際教育協力：歴史と展望』東京大学出版会、2019 年
外務省国際協力局地球規模課題総括課『学びが世界を変える　日本の教育協力』外務省、2020
　　年

**11 章**
大野健一著『途上国ニッポンの歩み』有斐閣、2005 年

# 索引

## ●編者

徳永達己　とくなが　たつみ　⋯⋯⋯⋯⋯⋯　1章　2章　4章　10章　11章　執筆
拓殖大学国際学部国際学科教授
1961年生まれ。東京海洋大学大学院商船学研究科博士課程修了。博士（工学）

武田晋一　たけだ　しんいち　⋯⋯⋯⋯⋯⋯　3章　5章　7章　10章　11章　執筆
拓殖大学国際学部准教授／Vietnam Japan University（日越大学）社会基盤プログラム准教授
1966年生まれ。日本大学大学院理工学研究科交通土木工学修士課程修了。修士（工学）


## ●執筆者

川崎智也　かわさき　ともや　⋯⋯⋯⋯⋯⋯⋯⋯⋯⋯⋯⋯⋯⋯　5章　執筆
東京大学大学院工学系研究科システム創成学専攻講師
1984年生まれ。東京工業大学大学院理工学研究科博士課程単位取得退学。博士（工学）

福林良典　ふくばやし　よしのり　⋯⋯⋯⋯⋯⋯⋯⋯⋯⋯⋯　6章　8章　執筆
宮崎大学工学教育研究部工学科土木環境工学プログラム担当准教授、NPO法人道普請人理事
1973年生まれ。京都大学大学院工学研究科博士課程修了。博士（工学）

杉野晋介　すぎの　しんすけ　⋯⋯⋯⋯⋯⋯⋯⋯⋯⋯⋯⋯⋯　1章　9章　執筆
JCCP M株式会社マネージャー（海外ビジネス戦略コンサルタント）
1969年生まれ。拓殖大学大学院国際協力学研究科博士後期課程修了。博士（安全保障）

これからのインフラ開発

2021（令和3）年8月15日　初版1刷発行

編　者　徳永達己・武田晋一

発行者　鯉渕　友南

発行所　株式 弘文堂　101-0062　東京都千代田区神田駿河台1の7
　　　　会社　　　　　TEL 03(3294)4801　振替 00120-6-53909
　　　　　　　　　　　https://www.koubundou.co.jp

デザイン　高 嶋 良 枝
組　版　堀 江 制 作
印　刷　三 報 社 印 刷
製　本　井 上 製 本 所

ISBN 978-4-335-55198-7